赤坂憲雄　鶴見和子

地域からつくる

内発的発展論と東北学

藤原書店

地域からつくる　目次

3　「東北」はひとつではない　93

地域からつくる

内発的発展論と東北学

序論

三・一一以後の鶴見和子論のために

赤坂憲雄

一　はじめに

その対談は、言うまでもなく三・一一以前に属している。東日本大震災が起こる五年前に行なわれたのである。いまから九年前のことだ。しかし、昨日のことのように生々しく憶えている。胸が苦しくなるほどだ。メモを取られる鶴見和子さんの姿を忘れることはない。それから三か月後に、鶴見さんは旅立たれたのだった。

はじめて対談のゲラに眼を通しながら、くりかえし、無念の、いや慚愧の思いが湧いて起こった。鶴見さんに導かれるままに、わたしは東北学について喋りすぎた。そのほかには何ひとつ語っていない。ほんとうは、鶴見さんの内発的発展論の深奥に眼を凝らし、教えを乞い、耳を傾けるべきだった。しかし、鶴見さんご自身がそれを望まれなかったことは明らかだ。

その、さらに七年前には、『東北学』という雑誌の創刊に際して、「地球志向の比較学」と題した対談をさせていただいた(本書所収)。そのなかに、鶴見さんのこんな言葉が見える。すなわち、「日本の多様な文化や社会を下から掘り起こしている赤坂さんの仕事には、私は非常に関心を持っています。その自覚に立ってくださいよ。いつでも私は、人を挑発する(笑)」と。むろん、こちらは笑うどころではなかった。そうして、わたしは幾度となく、鶴見さんからあたたかく挑発され、叱咤激励を受けてきたのだった。どれほど励まされてきたことか。とても言葉には表わしがたい。胸が苦しい。感謝の思いしか、ない。

どんなに中途半端なものではあれ、わたしは東北というフィールドに根ざしながら、内発的発展論の可能性を追究してきたつもりだ。いまにして思えば、あれは、その中間報告をせよ、と師の前に呼び出された不肖の弟子（ならぬ弟子）のしどろもどろの発表だったかもしれない。口頭試問の場ゆえに、わたしは必死で応答せざるをえなかったのだ。そう、言い訳のように思う。

わたしはいま考えあぐね、書きあぐねている。

くりかえすが、その対談は三・一一以前に属している。わたしはそのとき、いまだ東北学の第一ステージの渦中にいた。ひたすら野辺歩きの旅をしながら、ムラの老人たちから小さな人生の聞き書きを重ねていた日々は遠ざかりつつあったが、一九九九年の春に創られた東北文化研究センターを拠点にして、東北学という名の知の運動を広めるために働いていた。わたしはその頃、内発的発展論について、沖縄学の創始者であった伊波普猷が座右の銘にしていたというニーチェの言葉、「汝の足元を深く掘れ、そこに泉あり」と重ねあわせにして、こんなふうに説いていた。つまり、内発的発展論とは、それぞれの地域に暮らす人々が、みずからの足元に埋もれている歴史や文化や風土を掘り起こすことを通じて、内からの力を呼び覚ましながら、明日の地域社会を協同して育て創造してゆく、そのための実践的な導きの理論であり、東北学はそうした内発的発展論に支えられた知の運動である、と。

いずれであれ、わたしにとって、内発的発展論と東北学とは一体不可分のものであった。そして、あの対談から五年ほどが過ぎて、わたしは勤めていた大学と東北文化研究センターをやめることになった。いくつもの事情が重なり、ほとんど身を守るために緊急避難をせざるをえなかったのだ、とだけ言っておく。元旦付けの退職届けに判を押した。その二か月後に東日本大震災が起こった。わたしは東京に還っていた。茫然自失のなかで、東北学の第二ステージを始めなければならないと思った。覚悟だけは決めた。そうして、三週間後には、ひたすら被災地を巡礼のように歩く日々が幕を開けた。ささやかな〈歩く・見る・聞く〉の実践であったが、そこでの歩行と思索の軌跡については、『震災考』(藤原書店、二〇一四年)のなかに網羅的に収めてある。

いくつかのことを確認することになった。そのひとつは、震災後の混沌のなかに始まっていた東北学の第二ステージは、より切実に、より実践的に内発的発展論の導きを必要としているということだった。とうてい理論を深めている余裕などはなく、日々の実践のなかで、手探りに内発的発展論の射程を測ることしかできなかった。

二　見えない萃点《すいてん》が存在した

たとえば、こんなことがあった。

震災の年の七月二十日に、会津学研究会の主催であったか、わたしたちは声をかけ合って、ささやかな集まりを持った。いま、会津から何ができるか、というテーマを掲げてシンポジウムを行なったのである。たいした広報もできなかったが、二百人足らずの人々が集まってくれた。そのサブ・テーマは、再生可能エネルギーの可能性を問いかけることであった。誰もが途方に暮れて、言葉を失い、福島の未来など考える余裕をかけらも持たなかった。それにもかかわらず、そこでは激しく、熱い議論が延々と交わされたのだった。帰りぎわに、一人の女性参加者が「これって、自由民権運動よね」という言葉を残して離れていった。まさに励ましに満ちた贈り物だった。それから、わたしたち会津の仲間たちのあいだでは、いま・ここから新たな自由民権運動を始めよう、という言葉が合い言葉のようになっていった。飽きることもなく、数十人規模の集まりが持たれて、延々と議論が続けられた。

あるとき、みなが議論に疲れているのを見て、誰かがあることを思いついた。床に大きな模造紙を広げた。そこに、それぞれの思いや意見を書き込んでみよう、という提案がなされた。

・自然エネルギーを広めたい、地域の自治と自立のために。
・自然環境を壊す巨大な風力発電を許さない。
・野鳥を守りたい。
・安心して子育てができる環境がほしい。
・傷ついた動物を保護して、世話をしている。
・荒廃した里山を復活させたい。

・農業を守りたい。
・食の安全と安心を確保するには、何ができるか。

じつに雑多な意見が、模造紙を次々と埋めていった。てんでんばらばらの、しかし、あふれる思いの詰まった言葉が身を寄せあい、ひしめき合うのを、みなで眺めていた。とても厳粛な時間だった。何しろ、犬猿の仲であるはずの、風力発電グループと野鳥の会が隣り合わせに、背を向けながら同居しているのである。大企業を誘致して進められている、巨大な風力発電プロジェクトに反対する人々もいる。ついでに、何やら偵察のために紛れ込んでいる、その筋らしき人たちも見え隠れしている。

そのとき、わたしは唐突に、「これって、曼荼羅みたいだな」と感じたのである。ゆるやかに鶴見和子さんを想った。すると、わたしたちの急ごしらえの曼荼羅図には、たしかに見えない萃《すい》点《てん》が存在することに気付かされた。萃点とは、異質なものたちが集まるところ、交差点のような場所ではなかったか。そこには、透明な文字で、「原発のない社会を創りたい」という言葉が書き込まれてあった。じつは、そんなことを考えていたのは、わたし一人ではなかったようだ。あの曼荼羅図には、気付きをもたらす不思議な力が宿っていたのかもしれない。むろん、それは、その日の集まりの終わりには丸めて、誰かが持って帰り、そのまま存在を忘れ去られたが、何人かの脳裡にはくっきりと刻み込まれたのである。

たしかに萃点が存在した。そこには、脱原発という見えない文字が刻まれていた。てんでんばらばらの雑多な思いや意見が、この脱原発という名の萃点によってやわらかく繋がれ、対立と分断を越えて新たな出会いを果たし、折り合いをつけるようにと、その場にいた者たちはみな導かれていたのである。風力発電を広めたい人たちと、野鳥の会の人たちとが妥協なき戦いを演じていられたのは、そのかたわらに原発が建ち並んで、巨大なエネルギーを産み供給してくれていたからではなかったか。

わたしはあとで、「原発モラトリアム」という言葉を思いついた。原発を拒んで、原始時代に戻るのか、という恫喝の声を幾度投げつけられたことか。電気やエネルギーをまったく使わずに暮らすことは不可能だ。しかし、もはや原発と共存する未来を描くことはできない。いかにして、原発以後の社会の姿や形を思い描くことができるか。エネルギー問題は、象徴的には風車と野鳥とがどれほど困難であれ、共存できるシステムを創ることによってしか解決しえない。再生可能エネルギーが自然環境にかける負荷はゼロにはできないが、可能なかぎり野鳥や野生動物をはじめとする自然環境に配慮して、負荷を軽減することはできるはずだ。そうした折り合いをつける方法を学んでゆくしかない。

三　産土《うぶすな》とは何か、という問い

あの対談のなかで、鶴見さんがしきりに、産土《うぶすな》や故郷について語っていたことが思いだされる。意外の念に打たれたのだった。鶴見さんは幾度か、あなたの故郷はどこか、福島なのか、武蔵野なのかと、いくらか執拗に問いかけられた。そのときわたしは、福島はあくまで父親の故郷であり、わたしの故郷ではない、自分にとっての原風景があるとすれば、それは幼年期から暮らしてきた武蔵野のような気がする、と答えたのだった。

鶴見さんはこんなふうに語っていた。

産土というのは、いま、私がすごくこだわってる言葉なの。それはこの五月に藤原さんが出版してくださる、金子兜太さんとの対談（『米寿快談』）の時、金子さんは秩父生まれ、秩父育ちで、秩父の産土が一生ついているのよ。そこに軸足をおいている人なの。それで軸足を産土におけるということの幸せというのは、私は羨望なのよ。羨ましいなと思って、私は麻布生まれ。麻布の狸の穴から出てきたの（笑）、狸穴《まみあな》町ですからね。でも、狸の穴でよかった。それが産土なのよ。

（本書五一頁）

このとき、鶴見さんは秩父という産土を持つ金子兜太さんにたいして、真っすぐに羨望を表わしたのだった。麻布生まれの自分には、産土がない。だから、「産土とその人の生涯の仕事、思想との関係」というテーマに関心がある、という。それゆえに、鶴見さんはくりかえし、問いかけたのである。わたしが東北へと赴き、東北学を起ち上げるにいたった背景に、この産土としての福島がどのように関わりをもって存在したのか、と。それにたいして、わたしはある確信とともに、福島は父にとっての産土ではあっても、わたしにとっての産土や故郷ではないと答えたのだった。鶴見さんは最後まで、そうしたわたしの応答にたいして、うまく腑に落ちないという表情を崩されることはなかったかと思う。

とても唐突ではあるが、ここで、かつて花田清輝が宮本常一の『庶民の発見』に寄せた書評に触れてみたい。それは「故郷を失わぬ人々」（『花田清輝全集』第十巻所収）と題されていた。一九六〇年代初めに書かれたものだ。日本社会が本格的に高度経済成長期へと突入する以前に属していることに、注意を促しておく。そのはじまりには、「ここには、故郷を失っていない人びとの幸福と不幸とがある」と見える。著者である宮本常一こそがまさに、周防大島を産土の地として生きた民俗学者であってみれば、これは宮本その人の幸福／不幸をあげつらう文章であったと言わねばなるまい。鶴見さんが先の引用のなかで、「軸足を産土におけるということの幸せというのは、私は羨望なのよ」と語っていたことを思いだしてほしい。

花田はいう、宮本の足跡は日本全国に及んでいるが、「おそらくかれは、かれの故郷の延長上において、あらゆる事物を観察しているにちがいない」と。つまり、宮本常一は思考の軸足を産土に置いている民俗学者であった、ということだ。宮本自身がそのように語りつづけたのだった。宮本の別の著書、『民俗学の旅』（講談社学術文庫）の「はじめに」には、こんな印象的な一節がある。

私は幼年期から少年期にかけて土を耕し種子をまき、草をとり草を刈り木を伐り、落葉をかき、稲や麦を刈り、いろいろの穀物の脱穀をおこない、米を搗き、臼をひき、草履を作り、菰をあみ、牛を追い、また船を漕ぎ、網をひいた。そしてなぜそれをしなければならないかを父祖に教えられた。きびしい教訓としてではなく、百姓の子としておこなわねばならぬこととして、また一つの物語りとして身につけさせられたのである。そしてその延長の上に今も生きつづけている。

そうした幼少期に、産土の父祖たちから教えられたことの延長において、いま・ここに「百姓の子」として存在していることを、それがみずからの民俗学の個性であることを、宮本は飽かずくりかえし語った。師であった柳田国男と渋沢敬三は、「私の中に古い農民の姿を見たに違いない」と、宮本はいう。あえて言っておけば、そのように自己演出を貫いたということでもあったはずだ。

宮本は「古い農民」すなわち百姓としての感覚の鋭さを深く信じているように見える、と花田は書いた。そして、そのあとに、「したがって、ここでいう『庶民の発見』とは『農民の発見』ということだ」と続けていた。ここでの「したがって」という順接には、あきらかに飛躍がある。ある種のレトリックにもとづく目くらましだ、といってもいい。ここで多くを語ることはできないが、庶民と農民とを等価に結ぶところに、すでに根源的な踏み外しがある。花田の農民には近代の匂いがつきまとい、宮本の農民には古風な百姓の面影が射している、とだけ指摘しておく。わたしはだから、この花田の書評の本体は誤読であると感じている。それにもかかわらず、この文章は宮本常一という民俗学者の深いところに、ほとんど致命傷になりかねないような鋭利な鍼《はり》を打っていると思う。末尾の数行である。

わたしは、同じ問題が、故郷を失っている人びとによっても――どこへ行っても異郷しか「発見」できない人びとによってもとりあげられることを希望したい。

近代をこえるためには、一度、われわれは、徹底した「異邦人」になる必要があるのではなかろうか。

ここにいう「同じ問題」とは、たとえば、「農民のなかにみいだされる非暴力的伝統」といったものだ。それは、故郷を喪失し、どこへ行っても異郷しか発見できない人々においては、どのように見いだされるのか。そう、花田は問いかけている。宮本はまさしく「故郷を失っていない人びと」の一人であり、それを疑うことなく、つねに記憶に埋め込まれた故郷をあらゆる価値判断の揺らぎなきモノサシとして使い回しながら、列島のそこかしこを旅したのであった。しかし、近代を超えるためには、ひとたび、徹底して、どこにいても異郷しか発見できない異邦人になる必要があると、花田は考える。そうして、宮本の幸福はそのままに反転して、思想としての不幸を刻印されていることがむきだしにされようとしていた。半世紀も前の、高度経済成長期にさしかかったばかりの時期の発言であったことに、ある深い驚きを覚える。そういえば、同じ六〇年代の半ばであったか、宮本自身が、もはや村々を訪ねて古老からの聞き書きをする時代は遠ざかろうとしている、と語っていたことを想起しておくのもいい。

産土という問題にこだわった、あの対談のなかの鶴見さんと、そんな故郷／異郷をめぐるよじれた構図について語り合ってみたかった、といまにして思う。鶴見さんはその最晩年に、なぜ、産土があることの幸福に憧れ、故郷への回帰願望につかの間身を寄せたのか。思想家としての鶴見和子はあきらかに、どこにいても異郷しか発見できない故郷喪失者の一人であったはずだ。それゆえに、漂泊と定住をめぐる社会的な変容のダイナミズムに眼を凝らし、漂泊する人々の果たすべき役割にたいして大きな価値を与えようとした。みずからの異邦人性を徹底して自覚しつつ、しかも近代を超える道筋を探りもとめていたのではなかったか。

鶴見さんの生涯にわたる知のフィールドのなかに、定住を自明として生きる故郷を失っていない人々は、おそらく少数派であったにちがいない。鶴見さんの初期の研究テーマのひとつが、移民研究であったことは偶然ではないだろう。一九五九年の夏から秋にかけて、鶴見さんはカナダの小さな漁村ステブストンで日本人移民からの聞き書き調査をおこない、のちに『ステブストン物語——世界の中の日本人』(一九六一年、『鶴見和子曼荼羅Ⅱ』人の巻所収)としてまとめている。そこでは、故郷を失った移民のなかの帰属感、つまりアイデンティティの問題が真っすぐに問われていた。あるいは、水俣で重ねた聞き書きもまた、故郷を奪われながら、なお病いを背負って故郷に留まった人々のライフ・ヒストリーの探究ではなかったか。

四　故郷は巧妙に奪われる

ところで、この産土という問題には続篇がある。

わたしはじつは、東日本大震災のあとに、ひそかな知の反転とでも呼ぶべきものをみずからに課してきた。三・一一から間もない時期に、不安と焦燥のなかで、福島をわたし自身の故郷として選び直したいと、マニフェストのように書いていたのである。それから五年が過ぎた。わたしは福島を拠点にさまざまな試行錯誤を重ねてきたが、そのほとんどは失敗と挫折であった。それでも、福島という故郷から離れることはありえない。どこにいても異郷しか見いだすことができないということは、逆にいえば、どこにいてもそこを故郷として選び直すことができるということなのかもしれない。震災のあと、父の故郷である福島をみずからの故郷として選び直すことで、父の一族の人々との再会も果たしている。

いま、福島の人々は福島第一原発の爆発事故がもたらした混沌の渦中にいて、十万人を超える人々が避難を強いられながら、難民から棄民へとより厳しい状況に追いやられつつある。その結果として、定住と漂泊をめぐる社会的な構図のうえに巨大な裂け目が生まれている。再認識を求められていることが、いくつかある。

そのひとつは、原発事故によって汚染され、いったんは避難を強いられながら、いま、あたかも〝なかったかのように〟なし崩しに帰還政策のなかに呑み込まれようとしている浜通りの、とりわけ相馬地方には、濃密な移民の歴史の影が射しているということだ。たとえば、近世における、相馬藩への北陸からの真宗移民の歴史については、知らなかったわけではない。しかし、震災以前から親交のあった人々や、震災以後に出会った人々のなかに、幾人も真宗移民の末裔たちがいることには驚かされた。

わたしの友人の民俗学者は、南相馬市の出身であるが、津波によって生家のある浜辺のムラは壊滅的な被害を蒙った。家々は流され、たくさんの犠牲者が出ている。かれの生家はムラのもっとも高台にあり、かろうじて津波の難を逃れることができた。じつは、オレの家は百七十年あまり昔に、北陸から移ってきた真宗移民の末裔なんだ、ムラの人たちが助けてくれた、名主の家の裏手に土地を分けてもらって、住みついたんだ、飢饉がひどくて餓死者が出るし、ムラがいくつも潰れたらしい、……そんな話をはじめて聞くことになった。そういえば、わたしの父の故郷である福島県東白川郡鮫川村でも、近世の飢饉によって潰れたムラに移民を招き入れて、ムラの立て直しがはかられた、と聞いたことがある。けっして珍しい話ではない。

東京の幼馴染みの友人から、唐突に、相馬から北海道に渡った家族の歴史を聞かされたのは、震災からちょうど三年が過ぎた春のことだった。八十代半ばで亡くなった父親が北海道の人であることも、思えば初耳だった。かれの母親の故郷は岩手だと聞いていた。たぶん、二つの家族は東北から、カマドを返して（＝破産して）、北海道へと夜逃げ同然に渡ったのだろう。そうした北海道に移り住んだ人々の履歴は消されていることが多い。どうやら、父親の一族は相馬地方の出身だったようだが、まったく関係は切れていて、亡くなった父からも詳しい話を聞いたことはない、そう、友人はいう。

相馬からは、明治以降、海外への移民も多く出ているらしい。いずれであれ、相馬地方は近世以来、分厚い移民の歴史が堆積している土地だったのである。そのことはどのように、人々の故郷イメージや、土地への帰属意識、つまり産土の意識のうえに影を落としているのか、にわかには判断がつかない。

地域社会は、そうした移民の歴史とはかぎらず、多様性を抱いた人々によって構成されている。外からはわからないし、ひと筋縄ではいかない。避難を強いられた人々が、帰還を望んでいるか、迷っているか、戻らないことを決めたか、その選択は家族のなかですら割れており、世代ごとに、男と女のあいだで、仕事のありようによって、大きくひき裂かれている。さらに、代々の定住者の一族か、何代にもならぬ新参者か、漂泊者か、それによっても村や町への帰属意識には大きな違いがあるはずだ。旧警戒区域などへの帰還政策が、そうした多様性を巧妙に利用して、住民の意識を分断しながら押し進められているように思われてならない。

だからこそ、原発事故からの避難者たちが追い込まれている困難な状況のなかで、定住と遊動をめぐる問題がきちんと問われねばならないと思う。あらためて、想像を超えるほどに深刻な、また多様なかたちで、産土ないし故郷というテーマが浮上しつつあるということだ。相手が眼には見えない放射性物質であるがゆえに、あるいは、その影響の度合いを確定的に語ることができないように宙吊りにされているがゆえに、故郷喪失という現実がひと筋縄では捉えられない。いったい、故郷は永遠に失われたのか、そうではなく一時的な喪失なのか、いつか取り戻すことができるのか。〝なかったかのように〟帰還がなし崩しに進められてゆく現実は、そうした問いそのものを殺してゆく。ほんとうは、すでに、その豊かな実質を奪われながら、かたちだけの汚れた骸《むくろ》のような故郷が待ち受けているのではないか。「故郷を失っていない人びとの幸福と不幸」が、これほどに残酷なかたちで深まり広がっていることに、わたしは慄然として戦《おのの》かずにはいられない。

ともあれ、いま・そこでは、定住と遊動をめぐる問いの群れが、かぎりなく残酷にあふれ出そうとしている。この汚れた大地のかたわらに立ち尽くし、人が定住することの意味を、また遊動することの可能性を問いかけてゆくことが求められている。それでも、われわれは内発的にみずからの未来を創造してゆくことができるのか。住まうこと／定住すること、これを切り離して議論を始めなければ、たぶん未来が実践的に開かれてゆくことはありえない。汚れた野生の王国が広がってゆくなかで、定住の可能性はいやおうなしに縮小してゆくだろう。遊動化の劇的な深まりを抑えることはむずかしい。どこかで定住の呪縛はほどかれねばならない。

ここでは、鶴見さんの内発的発展論という実践的な理論と方法が、どれほどに有効なのか、それが試されている。わたしはいま、鶴見さんの水俣についての論考、「多発部落の構造変化と人間群像」（『鶴見和子曼荼羅Ⅵ』魂の巻所収）を思い浮かべている。「じごろ」と「ながれ」という土地の言葉を起点にして、定住と漂泊をめぐる問題への社会学的なアプローチが試みられている。福島第一原発が立地していた浜通りにおいても、こうした調査・研究が求められていることは疑いない。たとえば、われわれはいま、福島の地から『水俣の啓示』の読み直しを始めなければいけないのかもしれない。

「多発部落の構造変化と人間群像」には、水俣病患者のこんな言葉が拾われている。すなわち、水俣では「補償金をもらって、どんどん家をたてはじめた」とか、「補償金によって、精神的な面が荒廃した」といった言葉だ。それをどのように評価すべきなのか、にわかには応答しがたいが、同じような批判が福島でも聞こえてくる。対立と分断が人々をひき裂き、大きな声にまとまることを阻害している状況は、気味悪いほどに似ている。国家の側は徹底して水俣に学んで、福島をコントロールしようとしているのではないか。

さて、末尾の一節を引いておく。

定住（定住者）と漂泊（漂泊者）とは、準拠する地域（集団）によって、相互転換する。また、定住者と漂泊者との交流は、経験の個別化と普遍化への道筋を丹念にたどるためのカギとなる。定住と漂泊と一時漂泊との関係を、現代のエコロジーの考え方（環境定常系＝生きている系）における土と水との循環構造とのアナロジーとしてとらえることができる、とわたしは考えている。そのことから、もう一度水俣病の経験の普遍化を考え直すことが、わたしの残された課題である。

原発のない世界への道行きには、避けがたくエコロジーの思想との連携が必要になる。それを、定住と漂泊（または遊動）をめぐる問題系と繋げるところに、鶴見さんはあたらしい可能性を見いだそうとしていたのである。わたしはそれを、海辺というフィールドにおいて問い直してみたいと考えはじめている。

五　潟化する世界のほとりで

三・一一から三週間ほどを経て、東日本大震災の被災地を歩きはじめたのだった。それからの一年半の日々、ただ、わたしなりの流儀で〈歩く・見る・聞く〉旅を重ねた。そもそも、調査や研究のために被災地を訪ねたわけではない。被災地はどのように内発的に起ち上がってゆくことができるのか、それを知りたいばかりに、〈歩く・見る・聞く〉を重ねたのである。

それにしても、「かつて、ここは海だった」という言葉を、幾度耳にしたことだろうか。東松島市野蒜《のびる》では、教え子のお母さんが津波に流された自宅の何もない敷地に立って、「ここが海だったこと、知っていたから、ほんとに怖かったの。いつか、きっと来ると思ってた。子育てが終わっていたことだけは、よかった」と話してくれた。南相馬市八沢浦干拓では、案内してくれた神主の男が、「この水の下は田んぼですよ。だから、爺ちゃんたちは、浦に戻ったとか、江戸時代に還ったとか、言ってますね。ここは、明治三十年代からの干拓の以前は、海だったんですから」と教えてくれる。そして、南三陸町志津川では、海抜十五メートルほどの、それゆえに津波に洗われることになった丘のうえから町を見下ろしながら、一人の郷土史家が、「この下の町並みは、近世半ばにはまだ海でした。新しく埋め立てて、町を作ったようですね。あの海ぎわのビルなどは、昭和五十年代の埋め立て地ですからね。町の全体がかつては海だったわけです」と説明してくれた。

鮮烈な体験だった。海のうえに、人は田んぼを開き、家を建て、町を作って暮らしてきたのだった。寺田寅彦の言葉を借りれば、「時の試練」に堪えることなき家々や鉄道や町並みはみな、津波に流されたのである。いつしか、われわれはほんのつかの間、自然から借用していたものを、返すべきときが訪れているのかもしれない、と思うようになった。しだいに、それは確信に変わっていった。時の試練の痕に眼を凝らさねばならない。

いくつかの、わたしにとっての震災にまつわる原風景がある。そのひとつが泥の海である。そのかたわらには決まって、「ここは、かって海だった」という言葉が転がっていた。もし、いま、鶴見さんが生きておられたら、わたしはきっと、何よりもまずこの泥の海について語り、それについての鶴見さんの応答に耳を傾けるにちがいない。たとえば、いま福島の海で起こっていることは、半世紀以上も前に水俣の海で起こり、いまも終わらずに続いていることへと、怖いほどに繋がっている。水俣から福島へと、歩行と思索の道筋を通すためにこそ、頭を整理しておかねばならない。

くりかえし泥の海を目撃した。すでに水が引いた跡であったり、いまだ潟のように水に覆われていたり、水たまりだけのこともあった。宮城県の仙台港に近い蒲生干潟、亘理町の鳥の海の周辺、そして、福島県の新地町から南相馬市にかけての海沿いで、泥の海に出会った。そうした泥の海の底に、潟をめぐる一万年の列島史が沈められていることに気づいたのは、柳田国男の「潟に関する連想」というエッセイを再読したときのことだ。そこにもっぱら取りあげられていたのは、日本海の沿岸部に点在する数多くの潟であり、それが日本海側の景観の特徴をなすものとされていた。柳田はあるいは、太平洋側の海岸線にも見いだされる潟には気がついていなかったのかもしれない。たしかに、三陸のリアス式海岸などが太平洋側の景観の個性であると見なすならば、それは視野の外に置かれるはずだ。

ともあれ、そのエッセイでは、潟をめぐる開発史が、漁業と水田稲作と交通とのからみ合いのなかに浮き彫りにされていた。稲作以後の、少なくとも二千数百年の列島の歴史において、潟はつねに水田稲作によって、その輪郭を浸食されてきたのである。弥生以降、列島の沿岸部に点在していた数も知れぬ潟はそうして、しだいに姿を消していった。それはどうやら、明治以降の近代にいたって、最終段階を迎えている。

たとえば、わたしが震災から四十日ほどが過ぎた頃に南相馬で遭遇した泥の海、八沢浦干拓などは、明治三十年代からの埋め立てによって浦から水田地帯に変わっていた。水深は二メートル足らずであった。じつは、それと同じ頃に、相馬地方では三つか四つの浦や潟が消滅している。相馬市の松川浦や、亘理町の鳥の海などは、ある程度の水深があったために、埋め立てではなく内港として使われてきたのではなかったか。

おそらく、太平洋側の海岸線にも、かつて思いがけず多くの浦や潟が存在したが、それは弥生以降の開発史のなかで姿を消していったのである。南東北の海辺に点在していた、潟湖《せきこ》をなしていた浦のいくつかは水田に変貌を遂げていたが、それは東日本大震災の巨大な津波によって、歴史が反転されるように、近世以前の潟のある風景へとひと息に回帰してしまったのである。

震災の年の十月はじめ、わたしは何人かの友人たちと車を駆り、仙台の蒲生干潟から福島県のいわき市まで南下したことがあった。可能なかぎり海辺に近く、三日間ほどをかけて辿った。そのとき、わたしのなかには、くっきりと潟化する世界という神話的なイメージが浮かんだのである。わたしはまさに、三・一一から三週間後に始めた被災地巡礼の旅のなかで、くりかえし境を越えて、この潟化する世界のほとりを歩きつづけたのだった。

巨大な地震と津波によって、大地と海との境界があいまいに壊され溶けてゆく情景に、幾度となく出会った。亘理町では、一面の泥の海のなかに、アスファルトの道と電信柱の列と田んぼと灌漑用の水路と壊れた民家とが、どれも輪郭があいまい模糊として溶け合っていた。福島県の新地町に足を踏み入れたあたりであったか、砂利道のへりが波に洗われて、海に没してゆくのにぶつかって立ち往生したことがある。どこからが海で、川や水路で、どこからが田んぼや道路であったのか、わからない。激しく地盤沈下もしていた。車のナビには見える鉄路もなかった。探しまわって、ようやく草叢のなかに埋もれている線路や枕木の跡を見つけた。何か、ほっとした気分になった。新地の駅舎はすっかり津波に洗い流されていた。

いつでも、寺田寅彦が「天災と国防」のなかに書きつけていた言葉を思いだした。寺田は関東大震災のあとに、横浜から鎌倉にかけて被災の状況を見て歩いたらしい。丘陵のふもとを縫う古い家々が壊れずに残っているのにたいして、田んぼのなかにつくられた新開地の新式の家屋はひどく破壊されていた。「過去の地震や風害に堪えたような場所にのみ集落を保存し、時の試練に堪えたような建築様式のみを墨守してきた」がゆえに、古い村や家々が残ったのだと、寺田は考えた。いわば、眼の前に転がっていたのは、「文明の力を買いかぶって自然を侮り過ぎた結果」

ではなかったか。明治以前には、人々は災害に遭いやすい危険なところは避けて、時の試練に堪えた場所にムラを営んだのだ。そう、寺田は語っていた。あるいは、停車場などは「官僚的政治的経済的な立場からのみ割り出して決定されている」ために、往々にして深刻な被害に遭いやすい、ともいう。寺田の眼差しにはほんとうに曇りがない。

六　近代は失なわれてゆく渚とともに

われわれの近代は海のうえに、いや、海の犠牲のうえに築かれてきたのかもしれない。水俣から福島へと繫がる線分を辿りながら、わたしはここでも海辺の風景に眼を凝らしつづける。渚と近代にそそられてきた。たとえば、加藤真の『日本の渚』には、「江戸は江戸湾の豊饒さとともに栄え、東京は干潟環境の犠牲の上に近代化を遂げていった」という言葉があって、かぎりなく刺激的だ。江戸は百万人の人々が暮らす大都市だったが、その江戸を抱いていた東京湾には、豊かな干潟の自然があり、人々のにぎわいがあった。江戸前の魚や海苔は、江戸っ子たちの食卓にささやかな彩りを添えたにちがいない。干潟は生物の豊饒と多様性の宝庫であり、渚の浄化機能の源でもあった、という。その潟の犠牲のうえに、江戸は東京へと近代化を遂げたのである。

思えば、われわれは東京電力福島第一原発の爆発事故の映像を前にして、東京という大都市が東京湾とその干潟ばかりでなく、もうひとつの海辺や潟を、はるか周縁か辺境に確保しつつ、ひたすら蕩尽しているという現実に、ほんのつかの間であれ気付かされたのではなかったか。この列島の原子力発電所の多くは、辺境の半島や岬の蔭にひっそりと身をひそめている。そうして、途方もない核のエネルギーを産みだし、それをはるかな都市へと供給する役割を負わされてきたのである。そこに「内なる植民地」という異物のような言葉を投げ込んでやると、現実はいっそう残酷なかたちでむき出しになるはずだ。

それにしても、なぜ、海辺なのか。言うまでもない、海こそが巨大な熱とケガレの浄化装置であったからだ。そうして、福島と水俣とがはるかに繋がれる。水俣から福島へと、新たな見えない線分が引き直される。列島の周縁ないし辺境の渚に、チッソと原発が立地することの意味が露わになる。そこでは海の浄化力が限界を超えたときに、きっとカタストロフィーが始まるだろう。

いま、思いがけぬかたちで、東京湾／チッソの海／原発の海がひとつの結ぼれのなかに包摂されてゆく。石牟礼道子が『苦海浄土』のなかに、「水俣病は文明と、人間の原存在の意味への問いである」と書いていたことを思いだすのもいい。それはただちに、「原発とその爆発事故は、文明と、人間の原存在の意味への問いである」と変奏されることだろう。いずれであれ、都市は渚や潟の際限もない犠牲と蕩尽のうえに近代を織りあげてきたのである。それがいま、ようやくにして、終焉を迎えようとしているのではないか。

潟化する世界のゆくえに眼を凝らさねばならない。そのとききっと、かつて潟が入会《いりあい》の海であったことが、呼び返されるはずだ。それは遠く、無主・無縁のかすかな記憶を抱いている。近代はその入会の海を埋め立て、渚や潟を水田や住宅地や街に造り変えたうえで、こまかく分節化し、私的な所有のもとに囲い込んだのである。それが巨大な地震と津波によって、一瞬にして、元の浦や潟へと回帰してしまったことは、どれほど残酷なものであれ、ひとつの啓示ではある。あの泥の海を仲立ちとして、それをいま、あらたに、この時代にこそ可能な入会の海として、それゆえにコモンズとして再発見しなければならないのかもしれない。

　しかも、そこに広がっているのは、放射性物質によって汚れた海だ。鶴見さんは、「エコロジーの世界観」（『鶴見和子曼荼羅Ⅵ』魂の巻所収）のなかに書いている。

> 水俣病患者の間から、人間自身をふくめて、死にかけている自然を、どのようにして再生できるかという知恵と営みが生れつつある。この知恵と営みを、どのようにしてわたしたちは、人類の知の体系の中に組みこみ、既存の知の体系を組み換えることができるか。これは水俣だけに限らず、近代工業文明の中で、「虐待されている」現場の生活者から学ぶ態度と、それを普遍化してゆく手つづきを、わたしたちは、鍛えなければならないだろう。

　いったい、水俣のような有機水銀によるケガレと、壊れた原発が吐き出しつづける放射性物質のもたらすケガレとを同列に論じることは許されるのか。この、あまりに初歩的な問いを前にして、わたしは途方に暮れる。

あるいは、『鶴見和子曼荼羅』魂の巻の「あとがき」のなかに、鶴見さんは書いていた。水俣というフィールドにおいては、現代の最先端の科学であるエコロジーとアニミズムとが結びつくが、それらを実践者としてのキー・パースンを通して結びつけるのが、内発的発展論である、と。ここでも、わたしは大いなる戸惑いとともに、福島という現実はいかなるかたちで、エコロジーやアニミズムとの思想的な連携を果たすことができるのか、と問いかけずにはいられない。

いずれであれ、潟とは生物多様性の宝庫であり、命の多数性の源である、という。そんな潟を抱いた海辺のムラにも、たとえば鹿《しし》踊りという民俗芸能が伝承されてきたことを思う。生きとし生けるものすべての命のために、この踊りが奉納されてきたのだった。海山のあいだに生きる人々のもとで、複数の生存の条件をたがえる生きモノたち、人や鳥獣虫魚や草木たちが出会い、「相互的交流の〈場〉を形成する〈宇宙のリズム〉の生成装置」（中路正恒「「ひとつのいのち」考」『ニーチェから宮沢賢治へ』所収）としてのマツリといったものを、そこに浮かびあがらせることはできるだろうか。そこからはおそらく、エコロジーとアニミズムとが結びつく可能性が開かれてゆくはずだ。

さて、三・一一をくぐり抜けたあとに、あらためて鶴見さんの内発的発展論との対話を開始しなければならないと感じてきた。ここでは、そのための準備作業のようなことしかできなかった。わたしはあくまで、実践的に、福島という故郷の地からその可能性を問いかけていきたいと思う。それにしても、東北学の第二ステージは、依然として内発的発展論とともにあることを確認しておかねばなるまい。

〈幕間〉

凛として群れぬ生き姿——鶴見和子さんを悼む

赤坂憲雄

また一人、時代を背負った、かぎりなく大きな思想の人が旅立っていった。七月三十一日、鶴見和子さん、逝去。享年八十八歳。けっして群れをつくらず、勝ち組になることをみずからに許さぬ、みごとな生き姿であった、と思う。

鶴見さんとは三度だけお会いしたことがある。その最後は、ほんの三か月前のことだ。四月の末に、京都の宇治で対談をさせていただいた。テーマは「内発的発展論と東北学」。刺激に満ちた対談だった。鶴見さんはとてもお元気で、言葉の行き交いが心地よかった。

内発的発展論の限界と可能性について、思うところを聞かせてほしい——。対談が終わりに近づいた頃、鶴見さんは背筋を伸ばして、やわらかく、まっすぐな眼差しをわたしに据えた。少し緊張しながら、わたしはムラの終焉について、内発的発展論がそれゆえに避けがたく背負わされつつある課題について、ゆっくりと語った。すると、鶴見さんは思いがけず、一言も漏らすまいとするように、テーブルに広げた白い紙片にペンを走らせはじめたのだった。ほとんど鬼気迫る姿だった。からだが訳もなく熱くなった。

十二年前、山形で開催されたあるセミナーの席で、はじめてお会いした。そのときの対談は、鶴見さんの掌のうえで行なわれた。教え子の女子学生たちは、その美しい凛としたたたずまいに触れて、励まされ、涙を流していた。七年前、『東北学』創刊のとき、京都を訪ねて、二度目の対談をお願いした。脳出血で倒れたあとであった。これから内発的発展論に魂を入れる仕事に取り組みたい、そんな言葉に衝撃を受けた。そうして三度目の対談となる。鶴見さんご自身がテーマを提案され、あらかじめ対談のメモもつくられた。

隠しだてする必要はあるまい。わたしは東北学という知の運動を、内発的発展論を精神的な支えとして展開してきた。東北学とはかぎらない。あらゆる地域学は、それぞれの地域に生きる人々が、外なる人々とも交流しながら、みずからの足元に埋もれた歴史や文化や風土を掘り起こし、それを地域資源としてあらたに意味づけしつつ、それぞれの方法や流儀で地域社会を豊かに育ててゆくことをめざす、野（の／や）の運動である。だからこそ、地域学と内発的発展論とは、「汝の足元を深く掘れ、そこに泉あり」という促しの声において重なり、共鳴しあっている。

鶴見和子という名前は、やはり内発的発展論とともに記憶されねばならない。それはそもそも欧米中心主義の所産である近代化論にたいして、叛旗を翻すところに始まったが、この世紀の移ろいのなかで、グローバリズムの専制に向けてのもっとも優れた抵抗の思想として、くりかえし想起されることになるはずだ。この弧状なす列島の湿った風土が産み落とした、きわめて個性的にして普遍的でもある思想、その稀有なるひとつとしても記憶されねばならない、と思う。

(『朝日新聞』二〇〇六年八月八日)

第Ⅰ部

〈対談〉

内発的発展論と東北学

赤坂憲雄
鶴見和子

＊この対談は、二〇〇六年四月二十九日に宇治のゆうゆうの里で行なわれた。この対談が、鶴見和子にとって最後の対談となった。司会は小社の編集長藤原良雄が行なった。（編集部）

1　なぜ、東北へ赴いたのか

はじめに

――今日は赤坂さん、遠方からご多忙のなか、ありがとうございます。

鶴見　ありがとうございます。「都のたつみ鹿ぞすむ世をうぢ山と人はいふなり」ですから、これも山でございます。

――鶴見さんと赤坂さんとは、かつて柳田国男という接点があったわけですが、本日は「東北学と内発的発展論」をテーマにお話しいただきたいと思います。赤坂さんは、一九九九年に東北芸術工科大学で東北文化研究センターを立ち上げられて、雑誌『東北学』を発刊するとともに、「東北学」を創始されました。

小社の季刊誌『環』でも赤坂さんに登場していただいたことが何回かあります。日本民俗学会の五十周年大会で、宮田登さんがぜひ招びたいということで、アラン・コルバンさんをお招びして、その来日時に、いまは亡き網野善彦さん、二宮宏之さん、それから赤坂さんとコルバンさんの四人で座談会をしていただいた思い出があります（『環』創刊号所収）。たしか九八年だったと思いますが、宮田先生がお忙しく、うれしそうに走りまわっておられた光景が目に浮かびますが、それから半年足らずで宮田先生も亡くなりました。

それから韓国から高銀という詩人をお呼びして、網野さんの日本史の読み直しをめぐって議論したシンポジウムにも、赤坂さんに来ていただいたことがあります（『環』第六号所収）。

これまで、鶴見さんのつくりだされた内発的発展論を、いろんなジャンルの人と対話という形で議論してきました（シリーズ『鶴見和子・対話まんだら』として刊行）。その中で一番の軸は、「内発的」ということです。足場を日本という地域において、その根っこを忘れるなという鶴見さんのお父様（鶴見祐輔）の「根なし草になるな」という言葉、かつて鶴見さんが留学される時にいわれたということを思い起こしますが、自分が立っているそこを忘れてはいかん、と。

先日刊行されたばかりの、志村ふくみさんとの対談（『いのちを纏う』）の中で、志村さんも「これから生きていく若い人びとに伝えたい、日本を見失わないで」といっておられます。日本人でありながら、日本の歴史も伝統も関心をもたない日本人がたくさん増えてきている。これから一体どうなるのか心配です。

そういうなかで、赤坂さんも、お国自慢の地域学ではなくて、地域を起点として新しい日本文化像をつくるための知の運動だ、といわれて「東北学」をつくられて十年になりますが、最初の構想からかなり展開してきているのではないかと思います。

そういうところで、鶴見さんの内発的発展論と東北学を交差させたいというのが今回の狙いです。

産土《うぶすな》ではなく、学問の地として

鶴見　赤坂さんは東京に暮らしてらした。生活の根拠は東京にあった。この頃、定年退職すると軸足を田舎へもっていくのが流行している時代だけど、意気盛んな、これから仕事をやるぞという時期に、軸足を東北に移した。そして、この十年間、じつにすばらしい業績をあげている。つまりそこを掘っていく。それはもうすでに書いたり、しゃべったりしてらっしゃいますけれども、なぜ軸足を東北の山形に移されたか、そこから教えてください。

というのは、私、最近の『東北学へ』(全三巻、作品社)を見ていて、こんなことをおっしゃっていたように思います。柳田国男は外からさまざまな地域を見ていた。つまり、漂泊者であり、漂泊者としての調査者であり、観察者だった。けれども、赤坂さんは軸足を東北に移した以上、定住者として、そこに暮らす住民として掘っていく、東北の暮らしや文化を掘っていく、そういう視点、立場に立たれた。だから、これは漂泊者から定住者への転位だと思っていたんです。それで感心して見ていたら、自分もまだ漂泊者だとおっしゃっているのは、どうしてでしょうか。どうして軸足を東北へ移されたのか、まずそこから教えてください。

赤坂　鶴見さんとお話をさせていただくのは、今日で三回目なんです。たしか十三年ほど前(一九九四年十一月)に、山形アスペン・セミナーという公開の場ではじめてお会いして対談をさせていただきました（本書所収）。それから、七年前に東北文化研究センターを立ち上げて、その『東北学』の創刊号の中で、また対談をお願いしました（本書所収）。今回は三度目になりますが、思い返してみますと、ぼくの中では、ある大切な節目ごとに鶴見さんにお会いして、お話をうかがって励ましをいただいているような、そんな印象があります。

ただ、あらかじめ、いまのご質問にはお答えしておいたほうがいいと思うんですが、ぼくは自分はつねに漂泊者だと感じてきました。地方に身を移して活動をはじめたとき、当然ですが、その土地に生まれ育った人たちの地域への思いとか、そして、ぼくのようなよそ者が現われたときのさまざまな軋轢や抵抗といったものがあります。ぼくはいつだって、むしろ漂泊者としてそこに存在し、そうであり続けることによって逆に、いろんな異質な人たちをつなぐ役割を担うことができるのではないかと思ってきました。だから、あえて土地の人を演じることは避けてきました。実際、それはそれでよかったと感じているんです。また、そこには回帰していくと思いますけれども、十四年前に山形に拠点、軸足を移した。それがどういう意味をもっていたのかということには、たぶん、いくつかの意味合いがあったと思います。

柳田『雪国の春』をくつがえす

赤坂　ひとつは、自分の思想的な展開としては、柳田国男の影響というか、柳田国男をいかに内在的に超えるかというテーマを抱えこんでいましたから、それがやはり、実際に東北の地をフィールドとして巡り歩きながら考えていくテーマの核心になったかと思います。すでにその以前から東北を歩きはじめていたのです。そして、柳田が語っている、たとえば『雪国の春』に示された、雪深い東北の里で一所懸命米を作り、稲の信仰に生きる常民たちという牧歌的なイメージにたいして異和感を覚えていました。いま東北に暮らしているのは、中世に西日本のほうから移住をくり返しながらたどり着き、そこに稲作を中心とした暮らしを営んできた人々の末裔であるというイメージですね。柳田はそれを、「中世の懐かしい移民史」という言葉でみごとに表現していました。それにたいして異議申し立てをすることこそが、東北学が担うべき役割だと初志のところで考えていました。つまり、そこには重層的な民族史の秘められた捩れのようなものが隠されているはずであり、たんなる民俗誌には還元できないという確信があったのです。

東北を歩きはじめてみると、柳田がくりかえし物語りした稲に覆われている世界のほんのすぐ下には、稗やソバを常食とする東北が当たり前にころがっていました。市町村史などを調べてみると、たとえば下北半島では、明治二十年代までは、水田に稗を作っていたのです。この稗田が稲田に転換されていくわけですが、大正の終わりあたりに、ほぼ水田のすべてが稲作に転換したと言われています。『雪国の春』が刊行されたのは昭和三（一九二八）年です。柳田が南部・下北といった北東北を歩いたのが大正九（一九二〇）年の前後であったことを、記憶に留めておきたいと思うのです。

あきらかに、柳田が見た稲のある東北の風景というのは、きわめて歴史の浅い、新しい風景にすぎなかったのです。『雪国の春』という本の中には、どこにも稗やソバの話はでてこないんです。つまり、稲作にきわめて特化された形でつくられた東北文化像というものを、昭和三年の柳田国男は『雪国の春』の中で提示してみせたのです。そして、それを東北の人たちも大変喜んで受け入れたのだと、ぼくは想像しています。稗やソバはまさしく、貧しい東北の象徴のようなものでしたから。それは遠くから見ると、近代の国策として、東北を日本の穀倉地帯につくり替えていくという国家的な選択の中で、東北の人たちも米を作る百姓になることに誇りを見いだしていた、ということなのだと思います。そういう時代の中で、柳田の『雪国の春』というのはおおいなる励ましになったのでしょうか。

思えば、宮沢賢治はまさしく、岩手がそうして稗から稲へと転換していく時代に生きた人でした。賢治が二十代半ばに刊行した『注文の多い料理店』の中には、稲作のテーマはまったく見いだされません。そこにあったのは、森と野原と畑の世界であり、その畑では稗や粟やソバやキビなどの雑穀が栽培されていたのです。ぼくがはじめて、そうした森と野原と畑の世界に足を踏み入れたのは、東北に拠点を移すほんの手前の段階でした。それから、ぼくはくりかえし岩手北部のムラを訪ねて聞き書きをすることになります。宮沢賢治に戻りますが、賢治その人は眼の前にころがっている「ケガチ（飢餓）の風土」にたいして、肥料や土壌の改良といった農業技術の革新をもって立ち向かおうとして、無惨な挫折を重ねていきました。作品の中にも稲作モチーフが現われますね。

先入見を排してフィールドを歩き、ほんの少しでも聞き書きをしてみれば、稲というのがきわめて表層の風景にすぎないことはすぐにわかります。まだ一九九〇年代ですら、東北のムラには稲作以前の記憶が残像のようなものではあれ、いくらでも見いだされたのです。それほどの困難もなく聞き書きによって触れることができました。ただ、そのような関心そのものがきわめて稀薄であるために、気づかれずに捨て置かれていたというだけのことです。ぼくは九〇年代半ばの聞き書きの旅の中で、山形の山村のみならず海辺の村々でもカノと呼ばれる焼畑が当たり前に行なわれてきたこと、いまも行なわれている地域があることを知りました。その頃は、焼畑というテーマそのものが過去の遺物のように見なされていましたが、『東北学』で特集を組んだ頃から、あきらかに風向きが変わりましたね。

ですから、東北の山形に新設される大学に行かないかという話をいただいたときには、いまだほんの予感にすぎなかったわけですが、よし、これをきちんと東北を歩いて確かめてみよう、そこからもう一度、自分の学問というか、知の方向性みたいなものを、手さぐりで探してみたいと思ったんですね。東北に軸足を移したときには、とにかくこれまで依拠していた理論とか解釈の枠組は全部チャラだ、いらない、まっさらの裸になって、東北で〈歩く・見る・聞く〉旅を始めようという、そんな覚悟だけは持っていました。そうして、ちょうどその聞き書きの旅をはじめたばかりのころ、アスペン・セミナーで鶴見さんにお会いしたのです。その時に、鶴見さんにお話ししたことはよく憶えています。東北でいま聞き書きをはじめているけれども、百人のおじいちゃんおばあちゃんの人生を聞き書きしてみたいとお話ししました。

鶴見　そうそう、そうおっしゃったの憶えている。

赤坂　そうしたら、がんばりなさいって励まされたんですね。その時じつは、自分に百人の人たちの聞き書きができるとは思ってなかったんです。

鶴見　私もそんなことできるかなって……。私もずっと聞き書きの仕事をしてきたから、聞き書きがどんなにおもしろいかということは知ってたけれど、どんなに手間がかかるかは知っているから。体力がいるのよ。いつだって訪ねるのはひとりずつなのよね。ある人を訪ねていって、その人が胸襟を開くまで自分が演技してみせなきゃならないでしょう。それが大変なのよね、そういう人間関係を築かなきゃ聞き書きはできない。ほんとのことは言わないのよ。それから、ほんとのことを言いそうな時期をねらうのね。だから、むずかしいのよ。ほんとになさってることがこれでよくわかったわね。読んでるだけじゃ、すごいなと思うけれど、なかなかいろんなことがわからない。だけど、これからがむずかしい。それは大変なことね。

赤坂　そうですね、結局、ぼくは十年ぐらいかけて、三百人ぐらいのおじいちゃんおばあちゃんを訪ね歩いて、話を聞いてきました。

鶴見　それ以上のことをやっちゃったのね。

赤坂　そうした聞き書きの旅の成果は、『東北学へ』三部作（初版は作品社、のちに講談社学術文庫に『東北学／忘れられた東北』『東北学／もうひとつの東北』と改題して収められている）や『山野河海まんだら』（筑摩書房）などにまとめて来ました。そして、それらが前提にあって、次第に、東北学というひとつの知の運動に向かってゆったりと流れこんでいったという気がしています。まさに東北学を立ち上げるという時に、『東北学』の創刊号に掲載するために、鶴見さんにまたお話をうかがいました。あの時にも励ましをいただいて、「しっかり覚悟を決めてやるのよ、さあ、行きなさい」みたいに押し出していただきました。ほんとうに鶴見さんのお言葉はいつでも、強くて激しくて、それでいてやさしい叱咤激励に満ちていて、ぼくにとってはかけがえのない贈り物です。いや、もちろんぼくだけではなく、講演を聞かせていただいた学生たち、とりわけ女の子たちが、前向きに生きるための励ましをそれぞれに受け取っていましたね。

たぶん、ぼく自身が東北学に向かった背景にあったものとしては、柳田国男を読むという行為を通して、新しい日本文化像を東北から再構築してみたいという動機づけが、一番大きかったと思います。ただ、ほかにもいくつか、たとえば自分の父親が福島の山奥で炭を焼いたり、山師の仕事をしていたということも、まちがいなくあったと思います。ですから、聞き書きの旅の中で、東北のおじいちゃんおばあちゃんの話を聞いているときに、これはそのままに親父の人生だなと感じさせられるような場面は数多くありましたね。いずれにしても、ぼく自身の聞き書きに向かう道筋それ自体が、鶴見さんのお仕事に導かれていたことをあらためて再確認したような気がいたしますね。

東北は、故郷ではない

鶴見　赤坂さんは東北でお生まれになったの。

赤坂　ぼくの兄や姉たちは福島で生まれ育っていますが、ぼく自身は東京の四谷で生まれて、三多摩の府中や国分寺のあたりで育ちました。

鶴見　四谷じゃ、中心じゃないの。

赤坂　二歳までなので記憶はありません。父親が若い頃に東京に出てきて、そこで大きな商店で働いていた時に、東京生まれの母親と出会っています。それから、たぶん福島と東京にまたがるような形で商売をしていたようなんですが、それが失敗して、事業家としては再起ができずにちっぽけな燃料商で食べはじめた時期に、ぼくは生まれたみたいです。ですから、兄弟の中ではぼくだけが事業家としての父親の姿を知りません。

鶴見　そう。お父様は東北のどこですか。

赤坂　福島県の東白川郡鮫川村というところです。

鶴見　福島県というと、東北も入り口ですよね。

赤坂　ほとんど関東に近いところです。

鶴見　だから、山奥で生まれたわけじゃないのね。

赤坂　ぼく自身は違います。
鶴見　ただ、お父様がそこで炭焼きをしていたという記憶を足がかりとして、つまり、東北が産土《うぶすな》かということを聞きたかったの。
赤坂　それは違います。ぼくにとっては故郷ではないと思います。
鶴見　産土というのは、いま、私がすごくこだわってる言葉なの。それはこの五月に藤原さんが出版してくださる、金子兜太さんとの対談（『米寿快談』）の時、金子さんは秩父生まれ、秩父育ちで、秩父の産土が一生ついているのよ。そこに軸足をおいている人なの。それで軸足を産土におけるということの幸せというのは、私は羨望なのよ。羨ましいなと思って、私は麻布生まれ。麻布の狸の穴から出てきたの（笑）、狸穴《まみあな》町ですからね。でも、狸の穴でよかった。それが産土なのよ。
それで、産土とその人の生涯の仕事、思想との関係というのをすごく興味深く、いま関心があるの。それだから私は、まず柳田をどうして越えるかというのもあるけれど、お父様が東北の山の中で炭焼きをしていて、そこに自分が帰る、そういうことが非常に大きい動機づけであったかと拝察したんだけれど……。
赤坂　そのあたりはもう少しよじれているかもしれません。じつは三十代の半ば、東北に拠点を移す数年前に、たまたま福島の父親の故郷を訪ねたことがあるんです。ぼくはほとんど父親の田舎に行ったことがないんです。親戚づきあいもあるような、ないような状態で……。やはり、父親が事業に失敗して故郷を離れているということが大きいのだと思いますね。
それで三十代の半ばになって、そのムラを訪ねるというより、立ち寄ったわけです。ぼくの遠い記憶の中には、五歳のころに訪ねた時に見たものかもしれないある情景が、いわば原風景のように残っているんです。ムラの中を駆け足に歩きながら探したんですけれども、そのときはもうそれは見つからなかった。けれども、うろうろしながら高台のほうに上っていきましたら、板塀がずっとありまして、標識が立っていました。そこに「旧名主赤坂家別邸跡」とありました。

鶴見 ああ、じゃあ、赤坂家をそこで発見したのね。名主だったのね。

赤坂 いえ、それはきっと辿っていけばつながる本家筋なのかもしれませんが、直接はつながっていないと思います。赤坂氏そのものは豪族だったらしいですが、このあたりは近世半ばにケガチに苦しんで、たくさんの人が亡くなり、ムラの構成が大きく変わっているようです。それでも、ぼくはその「旧名主赤坂家別邸跡」という標識を見たときに、自分の父親の向こう側に、福島のこのムラにつながるものがあるんだということを知って、すごく新鮮な驚きを覚えました。
もはや、産土としては辿ることはむずかしい。軸足を産土におけるということの幸せなんてものからは切断されていて、ぼくにとってもそれは羨望でしかありません。それはもしかしたら、いま東京に暮らしている人たちのほとんどがそうなんじゃないか。二代か三代遡れば、東京の住人だと思っている人びとのほとんどは地方に故郷があり、産土とのつながりがあると考えたときに……。

鶴見　そうよ、私だってそう。鶴見家の祖先は鶴見内蔵助《くらのすけ》といって、岡山藩の城代家老だったのだけれど、藩主に跡継ぎがなくてお家断絶になって、高梁の黒鳥の代官になったの。私の祖父の鶴見良憲が侍を辞めて、そこを譲って出ちゃったの。代官屋敷が残っていて、そこに鶴見家というのがあります。そこを訪ねて、そのことを発見したのよ。
　それで、この十年間なり十三年間のあいだに、お父様のいらっしゃったところとは何か関係が生まれていますか？

赤坂　じつは三年前に、ぼくは会津若松市にある福島県立博物館の館長になりました。これまでの十数年間の東北学の流れのなかで、ぼくはあまり福島には足を踏み入れてこなかったんです。いずれ最後に、ゆっくり歩いてみたいと思って、残しておいたんです。それが三年前にちょうど福島県博の館長にと誘われまして、引き受けましたから、いま少しずつ福島を歩きはじめているところです。ぼくは何か秘められた必然みたいなものがあると信じているところはあって、ある土地を訪ねるとか、ある人と出会うとか、県立博物館の館長になるとか、あるいは東北の大学に来ないかと誘われるとか、そういう偶然がいつしか必然にひっくり返っていく、そういうことは漠然と信じているんです。だから、いま少しずつそれを確かめたくて歩きはじめています。
　この十数年は東北のあちこちを歩いて、おじいちゃんおばあちゃんの話を聞き書きしながら、いろんなものを見たり聞いたり考えたりしてきたんですが、その中で、たとえば父親の故郷である福島のそのムラを、ぼく自身はふるさとというふうにはいまだに実感できないんです。

鶴見　そう。変わったからですか。

赤坂　というか、リアルに感じられないんです。

鶴見　自分がそこで生まれたんじゃないから。

赤坂　やっぱりそれはありますね。とはいえ、ぼくにとってそうした聞き書きの旅は実に刺激に満ちた、新鮮なものでした。自分は福島をふるさとだとは思わずに生きてきたけれども、二代、三代遡るとみんな地方出身者じゃないかという発見は、自分の中で東北を歩くときのある種の思想的なよりどころになりました。ですから——にもかかわらずというべきか——東北を歩いて、見たり聞いたりして、たとえば炭焼きをしていたおじいちゃんから、その人生を聞き書きをしていく。山師をやっていたこともある、という。それはまちがいなく、父親の姿に重なっていくんです。

そういう形で自分の父親からはじかに聞けなかったけれども、父という東北の常民のひとりの人生というものが、たくさんの人たちの聞き書きを仲立ちとして見えてくるといったことはある。深い歓びがありました。にもかかわらず、やはり東北をどれだけ歩いても、その土地の匂いとか空気の流れ方とかいったものはわからない。ぼくはやっぱり観察者として眺めていることを自覚せざるを得ないのです。

鶴見　だから、やっぱり定住者ではなくて漂泊者。

赤坂　だと思います。

鶴見　それは謙遜した言い方でしょうか。

赤坂　いや、謙遜ではありません。ぼくは自分ではそういう錯覚はしていません。観察者として見てわかったという感触です。というのは、最近、宮本常一さんの『著作集』の四十三巻（「自然と日本人」）を読んでいたときに、ある体験をしたのです。宮本さんは一九六〇年代のはじめに、府中（東京都）に引っ越してくるんです。実は、その宮本さんが住んでいたところは、ぼくが育った新興住宅街から目と鼻の先のところなんです。小学生のころの遊びのテリトリーに入りますし、友達がたくさん住んでいました。宮本さんは府中に移り住んでから、府中、国分寺の近辺を歩いたり調査されています。『府中市史』を編纂したり、エッセイをいくつか残されています。

武蔵野の風景というのは、江戸時代にそこに暮らした人たちがつくったものだ、という。もともとあった風景というのはひとつもない。ケヤキ並木があったり、茶畑があったり、屋敷林がある。そういう武蔵野の原風景を宮本さんがエッセイに書いているのを見たときに、ぼくはびっくりしたんです。つまり、ぼくが子供のころに、いまはもう変わってしまいましたけれども、昭和三十年代の子供のころの、まだ都市化の波に洗われて変貌する以前の雑木林と原っぱと畑がたくさんあったころの、自分の見ていた風景そのものなんです。宮本さんのエッセイがあるリアルな感触とともにわかるわけです。あ、これ見た、これこうだった、ああだったと、自分の中に埋もれていた、雑木林や原っぱや畑のある武蔵野の原風景みたいなものが蘇ってくるわけです。

そこでの宮本さんは、民俗学者としての熟練の眼差しを持ってはいたけれど、あくまで日の浅い観察者ですね。他方、ぼくの方は十歳くらいの少年にすぎない。でも、どうやら同じモノ、同じ風景を眺めていたんですね。ぼくにとっては、このわかるという感覚がとても新鮮でした。それがまさに、ぼくが東北で求めて得られなかったものだったからです。ぼくは自分が育った武蔵野も、自分のふるさとだとはまったく感じていなかったんですけれども、自分にとっての原風景は武蔵野なんだということを、宮本常一さんのエッセイを読みながら、逆に感じさせられたんです。

鶴見　そう。だから福島じゃないのね。

赤坂　そうですね。そういう意味合いでは、福島を歩いていても、岩手を歩いていても、フィールドとして抜群におもしろいことは確実なんですけれども、日常に根を降ろした深いリアリティをもってわかるということはないんです。だから、ぼくは謙遜して言っているのではなくて、やはり観察者として東北を歩きながら、見たり聞いたり感じてきたんだと思います。

鶴見　だから東北に軸足をおいたということは、むしろ学問的な動機づけからおいたということね。

赤坂　動機づけとしてはそうですね。

鶴見　そういうことですね。それでわかりました。私は漠然と、産土だから東北へ行ったんだと、そういうことかなと思ったけれど、違うんですね。

赤坂　違いますね。だから産土の地に暮らし、そこを起点にものを考えている人たちとは、やっぱり違うと思いますね。

鶴見　なんのことだったか、村人が祖先のしゃれこうべを掘りだす話があるでしょう。そうして一所懸命それを洗ってきれいにする。それを見ていてとっても驚いた。これがこの人たちの産土で、生まれ育ったところで、祖先だからそのしゃれこうべを、こうやってきれいに洗ってあげたんだな。自分にはそれはできないから自分はよそ者だなと、そういうふうに感じたってお書きになってますね。

赤坂　ぼくではないと思います。

鶴見　あら、そういう話を読んだように思った（笑）。

赤坂　谷川健一さんですかね。

鶴見　いや、『東北学』の中でそれを読んで、ああ、そういうことかと思ったの。それでそれがまたおかしいんだけれど、ここで、佐佐木幸綱さんとの対談をいたしました時（『「われ」の発見』）、私の部屋に佐佐木信綱先生（幸綱氏の祖父）が私の母が亡くなった時に追悼歌をくださったんです。そして、その額を私は東京の家にずっとかけていたけれど、東京の家はもう十年ぐらい無住になってたの。そこへかけてあったから埃がついてて、それを幸綱さんがおいでくださるというので東京から送ってもらって、「これが佐佐木信綱先生の私の母への追悼歌でございます」といってお見せしたら、何をなさったと思う？　早速、ハンカチを取りだして、こうやって一所懸命拭いて、ぴかぴかに光るほどにきれいにしてくださったのよ、何もいわないで。私、それを思い出したの。

ああ、なるほどね、産土とか、父祖という血がつながってというのは、こういうことなんだなと思って感動したのよ。それも無心にやるの、ほんとに自然に。それを見ていて、それができなければ定住者ではないのよ。そういうことがわかったように思ったの。

到達点を設定しない社会変動論

鶴見　内発的発展論というものは、従来のエスタブリッシュされた社会変動の理論とは全然違うものだということを、いま、赤坂さんのこの実践を見て痛感するんです。それは何かというと、到達点をあらかじめ設定しない社会変動論、そこがすごくおもしろいところだと私は思っているの。だけど、まさに『東北学』のおもしろさはそこなのよ。どこへ行くんだろうと思ってわくわくしちゃうわよ、読んでると。赤坂さんもそれを考えていらっしゃるでしょう、一体どこへ行くんだろうと。

赤坂　ぼくには、たぶん、到達点という発想そのものがないと思います。

鶴見　私、到達点がある社会変動論というのは、もうだめだと思うのよ。こういうふうにならなければいけないぞというのでしょう。ブッシュ（米大統領・当時）をごらんなさいよ。近代化論よ、あれは。近代化論の悪の権化よ。近代化論の到達点は、アメリカ、イギリスのように政治的に安定して、経済的に繁栄した社会にすべての社会がなることだ。「経済的に繁栄」、つまりＧＮＰで測るという意味よ。でも、政治的に安定してないわよ。戦争ばっかりやる社会じゃないの。そこが到達点なのよ。

私は原爆がアメリカ文明の到達点だと思ってる。原爆は何かというと、地球を破壊して、人類をふくむ生類を破壊するもの。核兵器が到達点なのよ。そんなものになりたいと思わないわ。だから到達点の設定というのは、すごくばかばかしいことじゃない。私、ほんとにそれを思うのよ、『東北学』を読んでると。この次に何が出てくるだろうと思うと、こっちへ行ったり、ひゃーっと行くでしょう。だから私、おもしろいな。これなのよ。そこがおもしろいところ。

赤坂　たぶん、東北学のフィールドの中では「何々でなければならない」というのはないと思います。

鶴見　それなのよ。マルクス主義も近代化論もまったく同じ方法論なの。何々に到達しなければいけない。そこをめざしていく。核戦争をめざしていくという、そんなのが何がおもしろいの。GNPをどんどん大きくしていって、それをつぎこんで核戦争をする。そして自分に従わないのはみんな殺しちゃう。そうすれば自分も殺されるのよ。自分も生きていかれない地球にしちゃうのよ。

でも、マリオン・リーヴィ（プリンストン大学名誉教授、鶴見和子の指導教授）は近代化論の理論的な権化だけれど、しかし、いいことを言ったの。社会化――大きい意味の教育のことを社会学では社会化というわね――、近代における社会化のもっともむずかしい問題は、子供たちをアンノウン・フューチャー（知られざる未来）に向けて社会化することだ、と。だからつねに将来というのは、アンノウンだって。知られざる未来にたいする教育を子供たちにしなければならない。それが一番困難な問題だということを言ったのよ。これは私、卓見だと思うのよ。だから、すべての社会がアメリカのようになるとか、イギリスのようになるとか、非常に通俗的にはそういうふうに考えられているけれど、そうじゃないのよ。知られざる未来なの。私、その知られざる未来に向かってというのは、内発的発展論、あるいは東北学の一番おもしろいところだと思うの。何がでてくるかわからないのよ。おもしろくてしょうがないわ。だからそうなると死ねないのよ。どうする？　だって、赤坂さんも死ねないでしょう、どこまで行くかわからないもの。

赤坂　わからないですね。知られざる未来だから歩いていきたくなるんですね。

鶴見　赤坂さん自身が引っぱって行くんじゃなくて、引っぱられて行くのよ。だからおもしろいね。つまり、こういう社会科学の方法論があるかというと、いままでないのよ。私、到達点のある科学ってちょっとおかしいと思うのよ。だってニュートン力学の先に量子力学がでてくるなんて思わなかったでしょう、ニュートンも。ニュートンは自分が到達点だと思ったものね。

私、こういう病気になって、寝てると、急におかしなことが思われるのよ。川端康成はノーベル賞をとってから、なぜ自殺したかというのを考えたの。そうしたら、彼は自分の到達点に達したと思って、その先がなくなっちゃったから死んだほうがいいと思ったんじゃないかなって、急に思ったら、社会科学もそうだなと思ったの。到達点に達したら、ソ連みたいにマルクス主義がいう階級のない社会になったと思ったら、もうどうしていいかわからないのよ。だから、それは自滅するより以外ない。つまり、私、川端はもう自分を破壊することができなくなったんだと思う、体力がなくて。大江健三郎なんかはノーベル賞をもらったけれど、まだ若いから破壊力があるのよ。『宙返り』なんていうのを書いているでしょう。だんだん宙返りしていくのよ。そうすれば生きられるけれど、到達点に達したらもうだめね。

だから、赤坂さんは死ぬことのできない不死鳥だね。死ぬことはできないわよ。どこへ行くかわからないから、おもしろくって、ただただただやってるうちに……（笑）。

2 「漂泊と定住」の枠組の解体

「漂泊と定住」の解体

赤坂　ぼくは東北を十数年間歩きながら、「漂泊と定住」の枠組が大きく変わってきているという気がしているんです。たとえば、日本海に飛島《とびしま》（山形県）という小さな島があります。ぼくはそこに学生たちと何度も行って、調査をしているんですけれども、人口がよくわからないんです。

鶴見　どうして？

赤坂　だれに聞いてもあいまいなんです。

鶴見　漂泊人口が多いんですか。

赤坂　そうではないんです。夏の人口と冬の人口が違うんです。

鶴見　夏は人が来るから？

赤坂　そうじゃなくて、夏場は天候がいいものですから、民宿なんかやりながら島に暮らしているんですけれども、秋が遅くなると島の家を釘付けにして、対岸の町にセカンドハウスがあって、そこに移るんです。つまり夏の住まいと冬の住まいを換えている。あるいは、小中学校はなくなったんですけれども、家族の中に学校に通う子供がいると、対岸の小学校のある町に移るんです。そうすると母親かおばあちゃんがくっついていって賄いをするという形で、家族もばらばらなんです。だから、住民登録してるのは五百人でも、実際に暮らしているのは何人だか、島の人たちもよくわからない。

鶴見　漂泊に定住するのね。

赤坂　そうです。だからこれまでは、ムラというのは漁村でも山村でもそうだと思うんですけれども、そこを産土として生まれ育ち、暮らし、死んでいくというのが典型というイメージだったんですけれども……

鶴見　そうそう、生から死まで全部ね。

赤坂　……もはや、そういう定住中心の暮らしのスタイルというものが、日本のムラの辺境から壊れはじめている。その島の状況が特異なのかというと、実はそうではなくて、たとえば山村ではこんなことを聞きました。あるおばあちゃんに話を聞いていて、戸数がたった四戸のムラだったんですけれども、「裏の家に住んでいる人に話を聞けるだろうか」といったら、「いまいない、住んでない」というんです。でも、よくよく話を聞いてみると、土日になると帰ってきている。で、田んぼや畑を耕して、平日は町場の職場に近いところに家があって、そこで暮らしているという。
鶴見　ああ、日曜百姓。
赤坂　土日百姓なんです。家を二つ持っていて、平日と土日で行ったり来たりしている。住民登録がどっちにあるのかわかりませんが、たぶん、町に移していると思います。ムラというのは、定住を基盤につくられているというイメージがあるんですけれども。
鶴見　そうよ、柳田ではそうなの。
赤坂　だから、ムラの中に漂泊と定住が入れ子細工のようにできはじめている。
鶴見　定住者がもう漂泊しているのね。
赤坂　定住者の漂泊化が見えにくい形で、そうとう深く進行している。
鶴見　「白梅や老子無心の旅に住む」（金子兜太）、あれよ。
赤坂　つまり、実際に村歩きをしていまして……。
鶴見　……そのムラの変遷がよくわかるわけね。

定着民という幻想

赤坂　そうですね。ムラ自体がこの十年、二十年のあいだにものすごく大きく変わっていると思います。風景としては、ムラはムラとしてまだ残っているところもあります。たとえば山村を訪ねると、いかにも山村の風景なんです。家はもちろん新建材で立派になって、茅葺きの家なんてほとんどないんですけれども、風景としては山村なんです。でも、中に入って聞き書きをしてみると、山村という以上、背後に広がる山という自然環境を生業の舞台にしている、それが山村だと思うんですけれども、もはやそれはない。別に木の伐採や樵で暮らしているわけでもない。木地師でもない、あるいは山菜、茸、木の実の採集でもない、狩猟でもない、焼畑でもない。

鶴見　サラリーマンね。

赤坂　そうなんです。

鶴見　だけど、それは都会のサラリーマンが都会から逃げて、土地を買って、あるいは借りて、そして日曜や休日にそこへ行って耕して、ストレスを解消して帰る、それに似てますね。

赤坂　ですから、そういう人たちの別荘がムラの入口にできつつあります。

鶴見　行きやすい、帰りやすいところだからですか。

赤坂　いや、端っこじゃないと土地が買えないんだと思うんですけれども、古いムラの入口あたりに突然別荘がいくつかある。聞いてみると、都会の人が買って別荘を建てて、土日になると、あるいは夏の休暇になると、そこに来ています、と。

鶴見　ムラの人がそれをやっているのと、都会の人がそれをやっているのと、両方入り混じってるの。

赤坂　そうなってきてます。だから、ムラの人たちは定着民だというのはもう幻想です。つまり、山村に暮らしていても、山と関わる暮らしなんてほとんどありませんから、もう趣味のレベルです、そういうのは。山菜を採るとか、茸を採るというのは趣味。

鶴見　遊びね。

赤坂　遊びですね、生業ではないんです。実際の暮らしはそこから車で三十分、一時間離れた町場に職場があって、サラリーマンです。

鶴見　おもしろいね。それは社会変動論の一説としてすごくおもしろい。

赤坂　だからムラがもはや山村ではなくてベッドタウンである。大都会の周辺のニュータウンと重なっていると思います。話を聞いていましても、入会《いりあい》がもう壊れてますから、ムラの共同労働とか、みんなで何かをやるという場面がきわめて少なくなってます。

鶴見　でも、都会から入った人は仲間入りしようと思って、すごく必死になって努力するでしょう。

赤坂　でも、必死になって努力して入ろうとするそのムラが、実質的には共同体としての内実を失っています。

鶴見　機能してないのね。

赤坂　してないですね。ですからムラの祭りに行って聞き書きをしてみると、確かに神社に集まっているんですけれども、神事じゃないんです。みんなで酒飲んでるだけ。

鶴見　遊び事なのね。

赤坂　ふだんムラに住んでいても、ほとんど顔を合わせないので、祭りがムラの交流なんです。団地のバザーや盆踊りと、ほとんど変わらないレベルになっていると思います。それがたぶん九〇年代以降の日本のムラの現実だと思います。それで、そうした入会地とか結《ゆい》とか契約とかがもうほとんど壊滅してます。つまり、相互扶助のシステムとしてのムラはもう存在しない。ですから同時に、異端とかよそ者をきびしく排除するようなシステムももうないんです。

鶴見　村八分もない。村八分にされても、ちっとも困らない。それでいま産土《うぶすな》はもう崩壊してるのね。ところが、金子兜太さんの産土は崩壊してないのね。そこへ住んでいるんだもの、秩父(埼玉県)の山奥に、いまでも。だから崩壊してるところと、崩壊してないところがあるのね。

赤坂　そうなんです。逆に、村八分をしなくてもどんどん流出してしまう。家を捨て、土地を捨て、出ていってしまう。精神的な絆を求める人は土日に戻ってきて、土地は売らないんです。売れないし。そうして田んぼを耕してる。たぶんそれがいまの日本のムラの、ある現実だろうと思います。ムラを舞台として、定住と漂泊が入れ子細工のようになりつつある。同じ集落に住んでいても、すでに産土と切れている人たちはたくさんいると思います。

鶴見　地縁が切れてるのね。

赤坂　切れてますね。

鶴見　だからそれは定住と漂泊という二元論じゃないんですね。金子さんの場合はめずらしいケースかもね。お父さんが医者だからみんなが寄ってくるのね。

赤坂　もう二元論では語れないと思いますね。ですから柳田の時代の、まだ定住のムラがある程度しっかりあって、よそから訪れてくる人は漂泊民として迎えられるとか、神として迎えられるとか、あるいはまれびととして迎えられる……

鶴見　そういうのがなくなっちゃったのね。

赤坂　……そういった仕掛けは、もうムラは持てなくなってしまったと思います。ですから、中国の農村の工業化政策の中に、「土を離れて故郷を離れず（離土不離郷）」という言葉がありましたが、われわれのこの時代の日本のムラでは「土を離れて故郷を離れる」。その土の問題と故郷の問題というのをどう考えたらいいのかというのが、非常に複雑に、混沌とした状況になっていると思います。

鶴見　簡単に考えていたんだけれど、簡単に考えられなくなったのね。

赤坂　そうですね、産土という問題そのものが変わりつつある。

鶴見　そうですか、おもしろいな。そういう細かいところから、内在的に今までの社会変動論を見なおしていかなきゃいけないのね。

内発的発展論の問い直し

鶴見　私の問題、内発的発展論について、何回も『東北学』などで語っていただいて、大変にうれしく光栄に思っております。内発的発展論をひとつのきっかけとして、「東北学」をおはじめになって、さらに地域学をおはじめになって、実証的な仕事を十三年やってこられましたが、いま、この内発的発展論のどこに欠陥があるか、どういうふうに再構築したらいいか、そういう内在的な——これこそ内在的な——批判を教えていただきたいと思います。

赤坂　けっして批判というわけではありません。ただ、いまお話ししたような、「定住と漂泊」の枠組がすでに地域社会の中で大きく崩れているということはやはり、内発的発展論を将来に向けて深めていくためには避けて通れない問題のひとつではあると感じています。

鶴見　変わってきたということ、それはびっくりしました。全然気がついてなかったから。それは私は現場をいま見てないから。

赤坂　いわばぼくが飛島とか山村で見た光景は、けっして局部的なものではない、かなり普遍的な地域社会の現実になりつつあるんじゃないかと感じています。そのいわば少し広い地域を構成している基礎にあるムラが、いま解体の危機に瀕している。そして同時に、ある盆地的な小宇宙というものを想定したときに、その地域の文化的経済的拠点になるべき地方の小都市がまた衰退の危機に瀕している。

鶴見　まず、ムラが解体する。

赤坂　ムラが壊れていく。そしてそのムラを、柳田が『都市と農村』で語ったような、ある盆地宇宙的なイメージで捉え返すための、そのセンターになるべき地方都市がものすごく衰退しています。つまり、ある地方都市とその周辺の村々を有機的につなぐような、盆地的な小宇宙としての地域というイメージが、すでに支えきれなくなっているんじゃないかという……。

鶴見　米山俊直さんの『小盆地宇宙と日本文化論』では、日本列島は、いくつかの盆地という地域に分割して考えることができるのではないか。そこは自然生態系も同じだし、それから山に囲まれているために、外に文化が流れ出ない、外からもなかなか入りにくい。だから代々、文化的特長が盆地に集積するという、と。それは「いくつもの日本」につながるようですけれど、盆地文化論は、地域が地域の塊をずっと持続できるという前提のもとにいわれた。私はあの盆地文化論を読んで、とてもおもしろいと思ったの。というのは、遠野がその典型であるといったから、私には非常にわかりやすかったの。ところが、その盆地文化論はいますでに解体の危機に瀕しているということね。

赤坂　そうですね。ですから、地域の原型的なイメージとして、盆地的な小宇宙を思い浮かべるかもしれないんですが、たぶんもうそれは無理だろうということです。いま、そこに出現しつつある先端的な風景といいますと、ムラや町そのものが空洞化する一方で、国道沿いにファストフードの店とかジャスコとか、巨大な郊外型の店が連なっているような光景……。

鶴見　チェーン店ね。

赤坂　なんていうんでしょう、「ファストフード化された日本」なんていいますけれど……。

鶴見　だからそれはアメリカ化よ。グローバリゼーション。

もはや東北は貧しくない

赤坂　そうですね、グローバリズムがムラや町の縁まで侵しつつある。そして、ムラが過疎化を強いられてどんどん衰えていくのに、その郊外にできた巨大なスーパーなどは二十四時間営業していて、ムラの人たちはそこで働いている。それで、ムラの生活基盤はどんどん解体されて、その得体の知れないファストフードやスーパーマーケットで人々が働いて、わずかな現金収入を得て、そこで買ったものを持って帰って食べるというような暮らしが当たり前になっている。地域がグローバリズムによって否応なしに浸透されているというか、むきだしの形でさらされているという感触が拭えないのです。

ところが、その地域社会の過疎化がさらに進んでいったら、そうした郊外型の大きな店はたぶん支えきれなくなる。それはもう目に見えているんです。たぶん二十年、三十年後には、あの郊外型の大型店は放棄されて廃墟になっているとぼくは思います。そうすると、近未来の地域社会の光景として、国道沿いに巨大な廃墟が並んでいて、ムラや町にはほとんど人が住んでいない、老人ばかりの地域が広がっている。老人ばかりならまだいいんですけれども、背後にある山野河海のような自然生態系から切り離されて再生産ができない状況になっていますから、地域というものが自立的に存立することがいよいよ困難になる。地域はグローバリズムにさらされて、そこまで追いこまれている。そうした現実をもう一度起点にして、内発的発展論そのものを立て直す必要があるだろうと思います。

地域が、ある自立や抵抗のよりどころになることがむずかしいと思わずにはいられない現実が広がっている。ですから、生業とか経済的なものと自然環境とが寸断されている地域で、どうやって発想を立て直して、内発的な力を汲み上げることができるのか。宮本常一さんが、家族が再生産されていくための限界の人数は、五人とか六人とか言われています。いま世帯の平均は二人にも満たず、平均年齢がすでに七十代になりつつあるような状況では、ムラが健全な形で再生産されていく可能性そのものが、とっくに壊れているんです。そのことをどのように考えたらいいのか。

そして、それと背中合わせですが、もうひとつ、東北はかつて貧しかったんですが、もはや貧しくないんです。

鶴見　そう？

赤坂　貧しくない。それは極端な話、たとえば三世代同居であれば、世代の数だけお茶の間があって、巨大なテレビがあって、そして、大人の数だけ車があるみたいなムラの暮らしが当たり前に転がっているわけです。つまり、もはや東北は貧しくないんです。きわめて豊かになっている。飢えというものから遠く、記憶としてすら失っている、物があふれている「豊かな社会」、その中で内発的発展論がどのように組み立てなおされるのか。そう考えたときに、たとえばタイの「一村一品運動」であるとか、まだ貧しかった時代の中国の農村が、いかに経済的な発展を内発的になしとげるかというときの戦略とは、おのずと違うものが、いま、この日本列島の中では求められているのではないか。とにかく、もはやどこもかしこも豊かなんです、ある意味では。ただ幻影として、全国平均と比べてわずかに遅れている、ほんの何パーセントか、道路が整備されていないとか、そういうレベルで予算の獲得合戦をしていますが、現実には十分に豊かになっているんです。

地域における勝ち組／負け組

鶴見　でも、いま格差が広がっているでしょう。

赤坂　そうなんです。村歩きしていると、大きな東北という地域の中で、勝ち組と負け組がはっきりしはじめています。それはたとえば、国との関係とか行政の動きのなかに、すべて自分を委ねてきた、自分で考えるということをしてこなかった地域は、いま間違いなくきびしい状況にさらされています。その危機感のなかで自分たちでものを考えることを必死にはじめたところは、やっぱりそれなりに元気になりつつある。だから勝ち組、負け組の格差が開いているんですけれども、その背景には、そこに内発的にものを考える人たちがいるかどうかというのが大きな分かれ目になっていたりします。ですから、きびしいといっても、一所懸命やってるムラもあるんですね。たんに国家の政策として地域がどうのこうのというレベルとは違う格差がはじまっているような気がします。

それは同時に大都市圏との格差が広がっているという、また別の問題につながっていくんですが、とにかく総体としては「豊かな社会」というものがそこに成立していて、人々が経済的な貧困とか飢えということとは関わりなく動きだしている。とすると、内発的発展論がやがて、経済から文化の側に大きく傾斜していく方向をたどらざるをえないのかもしれない。

鶴見 だけど、近代化は経済が主なるインデックス（指標）なのよ。そこが問題なの。

赤坂 だからいま、東北学もそうですが、地域学がたいへん盛んになっているというのは、経済的な意味での豊かさはとりあえず手に入れてしまった。そのなかで文化的な豊かさ、文化的なアイデンティティというものを求めはじめていることなのかもしれない。それが地域学がこれだけ盛んになっている背景なんだろうなと思います。だから内発的発展論のステージが、タイや中国の辺境の農村とは違った形で、経済から文化のほうにどんどん傾斜しているのかもしれないと考えているのです。

鶴見 そう、近代化論は経済なのよ、数字でつかめるから科学的だと思われているのよ。ところが数字でつかめないのよ、文化の問題は。教育がどうとか、そういう程度にしかつかめてない。ほんとうの文化的な豊かさは何かという、指標がどうしてもつくれないのよ。そこだと思うわね。経済の発展より人間の発展だって、私、言いつづけてきたけれども、英語で、エコノミック・ディベロップメントよりも、ヒューマン・ディベロップメントが大事なんだ、というと納得しちゃうのよね。ところが、ヒューマン・ディベロップメントは「ホワット・イズ・ザ・インデックス?」という、数量的なインデックス(指標)がつかめないというところに問題がある。数量的に把握したとたんに文化的な豊かさがこぼれ落ちちゃうのよ。だから科学的でないということになる。そこが問題なんだな。

——赤坂さんのお話では、地域の経済的な「豊かさ」が、豊かさゆえに、その地域の文化的貧困をもたらすわけですね。

鶴見 「豊か」になるごとに、文化的な豊かさが落ちていく。今年はいままでになく、たくさんの人が外国に遊びに行っている、そうすると豊かになった、文化的な豊かさだ、と思うのよ。

——距離の離れているところ同士の交流が多くなって、大都市とつながることで経済的には「豊か」になる。しかし同時に、ファストフード店などがどんどんできて、これまでの地域の文化的な、伝統的なものが消されていく。

鶴見 人間の絆が薄れていくのよ。食べものがまず第一なのね、うちで作ったものを子供に食べさせないんだもの。買ってきたものを食べさせる。連れていって、そこで食べさせて、どっかで遊んでおいで、でしょう。

——最近は地方のどこに行っても、あまり風景が変わらない。

鶴見 それは人間が関与してないからよ。機械が関与してつくるから。だから人間の豊かさを定義づけると、それはまた逃げちゃうのよ。私、そこが内発的発展論のすごく弱いところだと思う。ヒューマン・ディベロップメントって英語でいうとわかったような気になる。だけど和製英語でごまかしちゃだめなのよ。

赤坂　東北は十分に経済的な豊かさを手に入れたと言ったとたんに、でも、そこでの暮らしの風景が、ムラの人たちが二十四時間営業の大型ストアに出かけていって、そこで夜中じゅう働いて、明け方そこのおにぎりかなんかを買って帰って、子供たちに食わせているといった現実に向き合わざるを得なくなります。それが経済的な豊かさかというふうに考えたら、とてもそんなものは「豊かさ」とは言えないだろう。

貧困の消滅と、相互扶助の喪失

鶴見　私が育った時代というのは貧しい時代で、私の母（後藤新平の娘、鶴見愛子）は、自分の育った環境は、塩ジャケを食べて――東北は魚が塩でしてあるでしょう――、「むきみやの半纏」を着ていて、というの。むきみやの半纏といっても、いまでは何もわからない。剝《む》き身《み》屋《や》（アサリ売り）の半纏、つまり、ツギのあたった着物、それを着て育った。それで祖父の後藤新平は、「笈《おい》一函を背負って自分は村から都へ上った」という。毎日、孫を引きつれて、「笈一函を背負って郷貫を出で都に上る」、そういうところからはじめるのよ。そうすると私覚えているけれど、「笈一函って、ランドセル背負ってるの?」なんていっちゃって、子供にはなんだかわからないわけよ。

でも、祖父も私の母も、つねに貧乏というものはいかにいいものかという、貧しさの文化を教えたのよ。ご飯食べるときも、「こんなの嫌だ」というと、「何をいってるんですか、なんにも食べられない人のことを考えてごらん」って。だから俊輔(弟・鶴見俊輔)と私は大きな家に育ったけれど、雨が降ると納屋へ行って、お米の俵を出して頭からかぶって、そして杖をついて、「貧乏な人になったのよ」「乞食になったのよ」といって、家の周りをぐるぐる回ると満足するのよ。ひどいものだったわよ。つまり、貧乏というものはいかに美しい文化かということを、祖父から親から子供たちにしょっちゅう教えてたの。いまそんなことといったらばかにされるでしょう。貧乏人は麦を食えとか。貧乏は悪いことになってるのよ。だからすごく違ったのよ。だから農村でも、東北でも貧乏を文化と思わないのね。子供に教えない?　ずっと私たちはそういう家庭教育を受けたのよ。

――清く貧しく美しく。

鶴見　そう、清く貧しく美しく。

赤坂　いまの話をお聞きしながら思い出していたのは、九州の椎葉村を訪ねたとき、その椎葉村の中の一番はずれの集落のある家を訪ねたわけです。もうとんでもない山奥の一軒家なんですけれども、そこで「ほいど(乞食、ものごいの人たち)は来ますか」と聞いたんです。そうしたら「かっては来ましたね」といって……。

鶴見　それはいつごろ。

赤坂　十年ぐらい前の聞き書きです。

鶴見　高度成長期を過ぎてからね。

赤坂　もちろん過ぎてからです。その記憶はもうちょっと古いのかも知れませんけれども、でも、「来ました」と。「こんな山奥まで、ものもらいの人たちは歩いてきたんですね。その時はどうしましたか」というと、自分のところで食べるものがなくても、ほいどは九州ですから勧進さんですが、「かんじんさんには必ずお米や稗を与えました」とこたえる。そういう民衆レベルの相互扶助、いわば「もやい」が生存のモラルとしてあったのだと思います。つまり、自分もいつ乞食に転落するかわからないような暮らしの中で、門をおとなう者はただで返してはいけないというモラルが存在したのです。

鶴見　まれびととして遇するわけね。

赤坂　そうですね。そういうモラルがあったんだと思います。それは九州だけでなくて東北でも、いろんなところで、乞食のフォークロアとして聞き書きの中で確認して来ました。あの「清く貧しく美しく」という親たちの教えは、そうした乞食の民俗と背中合わせだったのではないか。だから、貧しさの記憶が遠ざかるということは……。

鶴見　人と人とのつながりが薄れるということね。

赤坂　薄れることですね。だから、ものもらいの人たちに象徴されるような、よそから訪れてくる人にたいする処遇、そこにあったはずの相互扶助のモラルみたいなものを、われわれの時代は失っていくのかもしれない。それはあるいは、セーフティネットというんでしょうか、社会的な生存にとっての最後の支えとでもいえそうな仕掛けというものが、われわれの時代から失われていくことでもある……。

鶴見　だから、社会保障で国家にやってもらえばいいということになったけれど、今度はそれもどんどん減ってきたわけよ。

地域から創る「相互扶助」

赤坂　だからぼくは、ムラとか地域社会はある種の終焉を迎えていると思うんです。そして、それゆえに、いま、ここからあらためて、これからの時代の自治とか、もやいとか、相互扶助とか、そういうものを国家に委ねるのではなくて、地域の側があらためて伝統的な知恵とか、文化とか、民俗とかいうものを素材にしながらつくっていくことが求められている。そうでなければ、それこそグローバリズムの荒波にさらされて、足をすくわれてしまう。

鶴見　そうなの。だからいまは日本国家に委ねないでアメリカ国家に、ブッシュ大統領に委ねてる。そういう形ね。だからいっしょに戦争に行かなければならない。そういう論理ね。そして地球を破壊しなければならない。

――それでは豊かさではないだろうということですね。

鶴見　いや、それが豊かさで、アメリカのような社会になればいいんだと言われて来たのです。近代化とはそういうものですから。だから、今度の「教育基本法」はまた愛国心でしょう。「一旦緩急アレバ義勇公ニ奉シ以テ天壌無窮ノ皇運ヲ扶翼スヘシ」(「教育勅語」)よ。あれに返るわけよ。

赤坂　それを一番嫌がっているのがいまの天皇かもしれないですね。

鶴見　だから、赤坂さんのやっていらっしゃる地域学は大事なのよ。そこでどのような道徳があって、どのような子供の教育がなされて、どのような毎日の生活が行なわれていたかということを、もう一度考えなおすんだわね。それは古いことだというけれど、うちではほんとに貧乏ってすばらしいものだと思ったのよ。だから俊輔なんか、将来何になりますかというと、「乞食になります」って。乞食は理想だったわけよ。自分が無一物でしょう。それで人におもらいして、人を殺さないで自分も殺さないで生きていく。これは理想じゃないの。乞食になるって、そういうふうに考えていたのよ、うちの教育は。

赤坂　いやはや、すごい子供教育ですね。

鶴見　すごい子供教育だったわね。だから子供の遊びは、乞食になる遊びをしてたの。そうすると、なんとなくしみじみと悲しくなる。なんかとてもなつかしい感情が湧きあがってくるのよ。かわいそうな人になりたいなと思って歩いているの。つまり、自分が上で人に羨まれるということとは、とても不安なのよ。なにか人からされるかもしれないでしょう。羨ましいなって。だけど、自分が羨むほうの者になる、蔑まれるような者になるということは、とても安心なの。人からなにかされない、犯されないのよ。

でも、いまはホームレスが犯されるのよ、それはおかしいのよ。ホームレスは犯されないのよ。ホームがない、持ち物がないから、泥棒が入る心配がないのよ。安心でしょう。安心してぐうぐう寝られるじゃない。お金の上に眠っていたら、いつ盗られるか、いつ殺されるかわからないから、恐ろしいでしょう。そういう不思議な感覚の逆転があるのよ。

赤坂　もう命しか持てるものがないホームレスが狙われるわけですね。

鶴見　つまり、弱者は虐待すべしという、そういうふうになってきたのよ。そして自分の利益を十全に積み上げれば、その人は勝ち組になるのよ。負け組はどこまでも追いつめて殺しちゃえばいいのよ。そんなのは戦争になった時に役に立たないの。

赤坂　そういう方向にほんとにどんどん動いてますね。

鶴見　だから、教育基本法の改正というのは恐ろしいわね。

赤坂　でも、あれを改悪しようとしてる人たちは、ほんとに信じているんだろうか、愛国心なんて。

鶴見　その人たちが信じたって信じなくたっていいのよ。

赤坂　ぼくは信じているように見えないんです。それを押し付けられることの、途方もないニヒリズムを感じてしまうのです。

鶴見　これからの子供、いずれは兵隊になる子供に、そういう思想を植えつけておけば安泰だと思っているんじゃない？

近代日本の「選択」の結果

赤坂　もしかしたら歴史の展開というのは、こういうものかもしれないんですけれども、たとえば将来の戦争を準備するような法律とか制度というものを、どんどんつくっているその当事者たちが、ぼくには当事者意識をもっているようには見えないんです。ものすごく抽象的な、空想的な世界で動いているような気がするんです。

鶴見　ヴァーチャル・リアリティで動いているのよ。

赤坂　そんなふうにしか見えないんです。でも、それがいずれ現実のくびきになって、子供たちの将来をしばっていくんだろうなと思うと、もしかしたら明治以降の近代史も、じつは当事者意識のないところで何かが選択されて、十年、二十年、三十年後に、それが現実になって跳ね返ってくるというような歴史をくり返してきたのかもしれないという気がします。だって、まったくないでしょう、いまの政治家に。国を背負ってなんていないです、あの人たち。

でも、たとえば柳田はたしかに背負ってましたよね。必死で国家を背負っていた。そういうエリートが、いまはいませんからね。

鶴見　それが明治の思想なのよ。だから明治から太平洋戦争までずっとつながっているのよ。そうして戦争で敗けたらどんなに違う社会になるかと思ったら、ずっと同じなのよ。いままたね。

――そうですね。戦前と戦後はつながっているんだ。

鶴見　つながってるのよ。あそこでちゃんと自己反省しなかったということよ。ドイツはちゃんとしたっていうことよ。だからヨーロッパ連合があるわけよ。東アジア共同体なんかできないわよ。戦争にたいする反省がなかったら共同体はできない。だから水俣はいい教訓よね。水俣病であれだけの差別、もう町がまっ二つに分かれたわけでしょう。そして、いままた産廃処分場というのができる時になって、はじめて「もやいなおし」ができたのよ、今度の選挙で。だからこれからが水俣元年なのよ。だから、何かよっぽどすごい強烈な体験がなければならないのね。敗戦という強烈な体験があったにもかかわらず、反省がなかったからずるずるといっちゃったの。そして高度経済成長があったから、それですっかりいい気になっちゃったの。

――戦後といっても、まだ戦争の傷跡があって、現在も日本の七〇パーセントぐらいの米軍基地があって、いまだに戦争が終わったと思えないという島、沖縄の人たちがいるんだから。

鶴見　そして司令部が今度、座間にやってくるのよ。それでもふんふんといっているのよ。だからちょっと日本人ってもうわからなくなってくるわね。だから赤坂さんのように、ほんとに東北の辺境地帯に入って、そこのほんとの住民の文化の底を掘っていくということは、すごく大事なことよね。そこから自分をつくり変えていく。これでいいのかって。

赤坂　そうですね。そうありたいと願ってきました。

鶴見　だけど、おもしろいのは上智にいた時に、外から避難民みたいにして、ベトナムやなんかから来る人があるでしょう。そういう人たちの子供に、自分でボランティアとして日本語を教えたりなんかしてる学生がたくさんいたのよ。そうすると、その人たちの話を聞くと、私たちがかつて自然にもっていて、ずっと忘れていたものを、あの人たちは教えてくれる。家庭に行くと、その家庭が和気藹々として、お互いに助け合って食事をいっしょにしている。それを見ていると、昔は私たちの家もあんなだったなと思って驚くことがあるって、それで教えられるっていってたけれど、そういう感覚が大事なのね。

だからアジアとつきあうというときに、もう中国なんかは貧しくなくなってきたけれど、その難民みたいな人たちとつきあうということは、すごく大事なのね。私たちがもう失ったものをもっているんだから。だからアジアに向ける眼というのはこれからの大問題ね。

だから、いくつもの東北、いくつものアジアという、あの観点はすごくいいと思ったの。こういうところに出ていらっしゃったのかと思って。だからこれをぜひ日常的なレベルでつなげていってください。そして日本にたくさん来てるんですもの。そしていま日本の中ですごく困ってるわけよ。仕事もないし、それから市民権が取れないでしょう。それから選挙権もないし、だからそういう問題につながってくるしね。だから昔のことを細かく細かくやってるようだけれど、じつは今日の大問題につながってるのよね。

地域のなかの多様性

鶴見　いま、内発的発展論への内在的批判をひとつ言われたわけですが、まだありますか。
赤坂　途中でお話ししましたけれども、地域概念のこと。
鶴見　地域概念、それが私、とても気になってるの。
赤坂　さきほども言いましたけれども、地域は、ある場合には——とりわけ政治的には——国家より小さいと規定されるけれども、じつはその地域そのものの中に、多様性という形で広い世界がすでに抱かれているというか……。
鶴見　地域の中には多様な世界がふくまれている。
赤坂　そうですね。
鶴見　下位体系であるけれども多様。国家よりも……。
赤坂　小さいけれども、国家よりも大きい。それが手がかりになるのかなという気はします。その内なる文化的な多様性というのを、別の言葉に置き換えますと、われわれ自身の中に内なる他者をすでに抱えこんでいるというふうに考えてみたいんですね。たとえば日本列島の中でいえば、アイヌの人たちであるとか、沖縄の人たち、あるいは古代東北の蝦夷《えみし》と呼ばれた人たちとか、日本人というのは均質ではなくて、すでに、つねに多様性を抱えこんでいる。それはアイデンティティとして、閉じられたアイデンティティではなくて、開かれたアイデンティティを、これからわれわれが鍛えていく必要があるということを教えてくれているような気がするんです。

これまでアイデンティティというのは、どこかひとつの中心に向けて収斂していく形でしかつくられなかった。けれども、われわれのこの時代というのは、多様性を抱えこんだ形で、開かれたアイデンティティは可能なのかという問いかけを必要としているんじゃないか。それは内発的発展論でいえば、外と内との交流、そしてキーパーソンを仲立ちとして内と外がさまざまな交流をするというイメージで語られていますけれども、とりわけわれわれ自身が内発的に、自分をひらいていくというときの手がかりとして文化的な多様性、あるいは内なる他者をきちんと認知していく。そうしてそこに、新しいもやいをつくっていくことができるかというテーマが浮上してくる。

それを手がかりとして、たとえばわれわれが朝鮮半島の人びとや中国の人びととつながっていく、その道筋も生まれてくるのではないか。つまり、自分の中の内なる他者を否定している人間は、けっして外につながることができない。そういう意味で沖縄であるとか、アイヌであるとか、蝦夷を抱えこんだ東北とか、その歴史や文化というものをどのように評価するのかということが、試金石になっていくんじゃないかと考えています。

ですから、たぶんぼくは東北学の実践の中で、つねに鶴見さんの内発的発展論を傍らに置き、支えられたり、それとの対話のなかで、いまこの時代の中で内発的とは何かということを問いかけてきたような気がするんです。ですから、今回こういう形で自分のやってきたことをふり返りながら、あらためて内発的発展論が、われわれのこの時代の最先端にあってどのように展開していくのかということを、将来のテーマとして抱えこんだというか、背負っているなとあらためて感じます。

多様性を結び付けるものとしての「曼荼羅」

鶴見　ありがとうございました。わかりました。お話をうかがっていて、また我田引水になりますけれども、私は柳田から内発的発展論を考えたの。それが一番初歩の段階です。そして、私は南方熊楠と出会うことによって、内発的発展論を南方熊楠に結びつける、そういう作業に次第に入ったわけです。そうすると、いまおっしゃったこととぴったり照準が合うんです。

というのは、南方は「南方曼荼羅」というものを思いついたんです。これは頼富本宏さん（種智院大学学長）という曼荼羅の理論家にお話を聞いて、『曼荼羅の思想』という本になりましたが、一番最初に頼富さんが『京都新聞』に書かれた短文（「マンダラの思想」）を拝見したとき、「ひとつの空間に単一のものしかなければ、それは曼荼羅ではない。ひとつの空間に多様なものが同時に存在するときに、それは曼荼羅である」と。それでびっくりしたんです。これこそ南方熊楠の「南方曼荼羅」の思想じゃないか。それであの方に会って教えを乞いたいと思って、対談を藤原さんにお願いして実現していただいて、私はほんとに教えられてよかったと思ったんです。

日本の中に、ひとつの文化じゃない、多様な文化が同時に存在しているという、そのことと曼荼羅とが結びつくと思うんです。東北というひとつの地域だと思っていたけれども、東北の中にいくつもの東北がある、それからアジアについても、アジアの中にいくつものアジアが――アジアについてはいくつものアジアがあるということは、否定はされていません。いままでもわかっていたことだけれど、あらためて日本の中のいくつもの日本と、アジアの中のいくつものアジアとが、結びつくことができるということを発見なさったのは赤坂さんです。つまり、両方ともいくつもあるけれども、それはそうだと、ただ客観的にそういっただけじゃ何もはじまらない。ところが、そのいくつもあることによって、同じようなものは結びつくことができるんじゃないかということを示してくださったことによって、パッと開けたんです。

この多様性、日本の中の多様性、東北の多様性、アジアの多様性というのが、どれも曼荼羅図になっている。その曼荼羅と曼荼羅を重ね合わせていく。重ね合わせるというところまでいってなかったんです、曼荼羅の理論は。ところが、重ね合わせていくというところに入っていったこと、それが私はひとつの大きな驚きであり、ああ、こういうこともあるんだな、こういうふうに曼荼羅を使っていくことができるんだなということが考えられて、とてもうれしかったんです。

つまり曼荼羅の思想というのは、日本の庶民のあいだに根を張っているんです。巡礼というかたちで、お遍路さんは曼荼羅を実践してる人なんです。人間と人間との関係、文化と文化との関係、国と国との関係、人間と自然との関係が曼荼羅なんです。「異なるものが異なるままにともに生きる道を探る」、それが曼荼羅だと思う。私は自分で簡単に考えていた。だからその道を具体的につけてくださった。そういうふうに考えてよろしいでしょうか。

赤坂 はい、たとえば東北の中にいくつもの東北がある。そのいくつもの東北のそれぞれが、いくつもの日本につながっている。そのいくつもの日本は、さらにいくつものアジアにひらかれ、つながっているというイメージは、たしかに曼荼羅的な発想なんだなということをあらためて考えさせられました。

鶴見 赤坂さんも「曼荼羅」という本をだしていらっしゃいますね。

赤坂 『山野河海まんだら』という聞き書きの本です。

鶴見 海の曼荼羅とか、河の曼荼羅とか。だからそういう発想のつながりで、アジアとのつながりを考えていらっしゃる。

赤坂 まさにおっしゃるとおりで、みずからの中の多様性というものが外にひらいていくときの手がかりになるという、その発想は曼荼羅的なものなんだなということは感じます。

鶴見 その意味でとてもおもしろかったの。曼荼羅とこれが重ね合わせられるなと思って……。内発的発展論は曼荼羅がないとばらばらになってしまう。それぞれがそれぞれの発展の仕方をすればいいんじゃないか。それをどうやって結びつけるか。その結びつきの論理が曼荼羅だと思う。

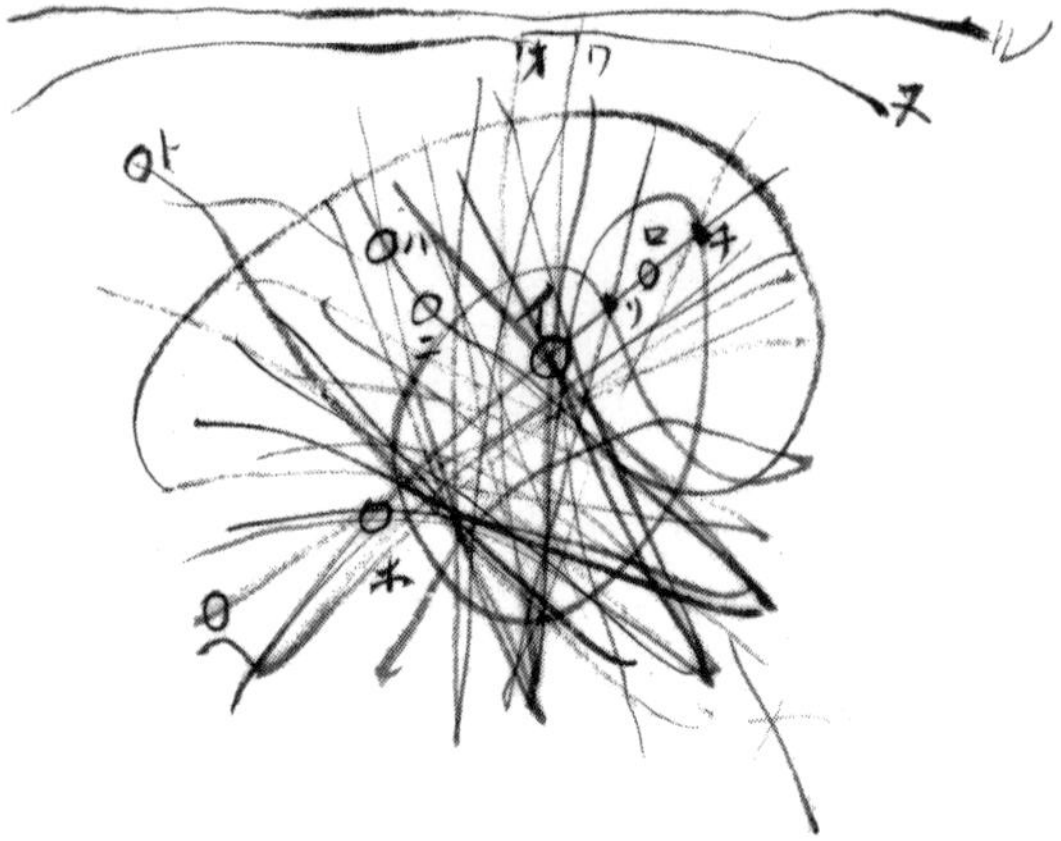

南方熊楠から土宜法龍宛の1903年7月18日付の書簡に見られる図

赤坂　一神教と多神教の対峙ということがしばしば語られるんですけれども、「ひとつの」と「いくつもの」というのが対峙的に、対比的におかれて、じゃあ「ひとつの」日本にたいして「いくつもの」日本というものを、たとえば選択すれば解決するのか。それは多様性のほうにとりあえず身を委ねますけれども、ある意味ではカオスとか混沌の側に投げかけるだけなのかもしれない。たとえば曼荼羅という思考の枠組みたいなものを想定すると、たんなる西洋の一神教的な「ひとつの」思想にたいして、アジア的な多神教の「いくつもの」焦点をもった思考の側に加担するというのではなく、その対峙の構図そのものを超えていくことができるのかなという気はします。曼荼羅というのが、南方熊楠のあのいたずら書きのような不思議な図、あそこにやはり手がかりがあるのかなということは、鶴見さんのお仕事を通してですけれども感じます。

鶴見　南方が土宜法龍宛の手紙に書いた「いたずら書き」を中村元先生に見せたとたん、即座に「ああ、これは南方まんだらでございますね」っておっしゃった。「先生、南方をお読みになりましたか」といったら、「いいえ、読んだことはございません」。私、だからどうして、とたんにまんだらだってお考えになったんですかということを聞いておきたかったの。でも、最後に手紙をだしたら、奥様から、中村はもうそういう状態ではございませんというていねいな手紙をいただいて、数日後に亡くなられた。

だから京都へ来てよかったの。京都に来なければ頼富さんとは会えなかった。人間って不思議ね。もう倒れて死ぬか生きるかという状態になって、ほんとにこの人に話を聞きたいという人に出会えるんだからね。

東北学と内発的発展論の接近

鶴見　だからなんだか、東北学と内発的発展論とが、だんだん近寄ってきたかなという感じがするんです。

赤坂　そういう気がします。もちろん、ぼくはつねに鶴見さんの内発的発展論を支えにしてきましたけれども、別のところから内発的発展論の一番深いところに近づいてきているのかなという、そんな直観はありますね。

鶴見　だけど、赤坂さんの強みはほんとうにそこへ入って、それぞれの地域の内発文化を発掘してくる、導師だけが、学者だけが発掘するんじゃなくて、地元の人たちがいっしょに発掘しあって、それをお互いに話し合って、そしていまの困っている問題を解決するためにどう役立てるかという、日常的な実践に結びつけていらっしゃるというところがすばらしいと思うんです。
赤坂　たいした実践ではないんですけれども……。
鶴見　だけど、これから先どこへ行くかということはまだわからない。何が飛び出すか未知であっておもしろい。だからそこにおもしろさもあるのね。楽しみだわ。
赤坂　ぼくが実感として信じられるのは、関わった人たちが生き生きとしてくる場面に立ち会うことができた時ですね。
鶴見　ああ、生きてくるのね、活性化ね。
赤坂　おもしろくておもしろくて、目を輝かせてるその姿があるかぎり、これは正しいんだと。
鶴見　それが生きる力なのよ。ほんとに下から生きる力、下から芽生えていく力なのよ。上から押さえようとしても押さえられない、内発性というのはそういうものなの。押さえつけようと思っても、ぽこぽこでてきちゃうのよ。それがほんとの内発性なのね。だからそれを感じることができるのよ、この『東北学』とか『東北学へ』というのを拝見してると。

3 「東北」はひとつではない

「さらば、芭蕉」

赤坂　ぼくが東北に軸足を移して、東北学をはじめたころ、じつは東北はひとつだと思っていたんです。ひとつの東北がそこにあると、無意識に思っていました。

鶴見　つまり、北と南、西と東が違う、それでいくつもの日本。

赤坂　ええ。

鶴見　網野（善彦）さんの場合もそうでしょう。東西南北と。

赤坂　はい。『東と西の語る日本の歴史』の物語りしてみせた、たとえば「東」は「西」と対置された、「ひとつの東」であり、「ひとつの東北」であったかもしれません。いずれであれ、東北がひとつであるというそのイメージは、やっぱり外からのまなざしなんですね。縄文以来、大和の勢力によって搾取され、迫害された負の東北みたいなのがあって、それがいまの東北にも色濃く生きているんじゃないかという、ある種の思いこみがありました。

鶴見 そうそう、創刊号の対談はそうでしたね。

赤坂 そうでした。たしか東北に移って最初の年の秋に「日本デザイン会議」というのがあって、山形に知識人がいっぱいやって来てイベントを繰り広げたんです。ぼくはそのすぐあとに、新聞にエッセイを書きまして、「さらば、芭蕉」とやった。東京から大挙して押し寄せてきた出稼ぎ知識人たちを大よろこびして迎えて、しかも労働力として使われているだけの地元の人たちにたいして、芭蕉をありがたがる風潮にたいして、批判を投げかけたんです。つまり、山形を歩いていると、たとえば尾花沢という町には、芭蕉が十一泊したらしいんです。そこには「芭蕉十一泊の町」とか、大きな看板があるわけです（笑）。芭蕉は「芭蕉先生」なんです。ぼくはそういう出稼ぎ知識人をもてはやす風潮にたいして批判をしたかったんです。もちろん、その批判をしているぼくも出稼ぎ知識人だという自覚はありました。

その「さらば、芭蕉」というメッセージは、いわば内発的発展論と東北学との接点だったんです。つまり、芭蕉によって発見されなくても、美しい東北はそこにあるし、人びとの暮らしはそこにあるし、長い長い歴史もそこにあるんだ、それを自分自身が信じてないんです。よそから来た人が美しいねといってくれないと、自分で美しいと思えないという、そういう精神風土が確実にあって、それを内発的に組み替えていかなかったら、新しい東北なんていうものは立ち上がってこない。

鶴見 それが「村山学」になり、「津軽学」になり、「青森学」になり、「仙台学」になる。ああ、わかりました、私。いままで東北、東北といって、それで北の思想、南の思想、そういうふうに単位が大きかったでしょう。それが急に小さくなったので、これはなんだろうと思って、まず村山学から読みはじめたらわかってきたんです。だから、いくつもの東北、その次がいくつもの日本、そして、その次がいくつものアジアというふうになっていくわけね。

ところが、そのあいだに、仙台とか盛岡とか、村山といっても、そこのじさま、ばさま、それから若者、子供の聞き取りをずっとしていくと、ひとりひとりが違うでしょう。そうするといくつもの仙台、いくつもの盛岡、いくつもの村山ということになって、その土地のふつうの住民といっしょに座談会をやっていらっしゃる。そうすると、そこにいくつもの個人ができますね。そうすると地域学の単位が限りなく小さくなっていく。それがとてもおもしろいと思ったけれど、地域学という名前でこの単位を縮小していくと、地域ということがだんだん違う意味になってきますね。それをどこまで小さくしていって、そして、それをどうやってまとめるのか、その方法論を考えていらっしゃるでしょう。

赤坂 ひとつの東北というのが幻想であることに気がついたときに、その東北の地域的な多様性みたいなものが少しずつ見えてきたんです。たぶん、それが『東北学』という雑誌を創刊するところだろうと思います。その東北の多様性みたいなものをどのように掘り起こしていくのかというこことで、『東北学』という雑誌を立ち上げ、『別冊 東北学』を対にして動かしていたんですけれども、とにかく広すぎるんです。東北が広すぎる。ひとつの雑誌で東北全域を覆いつくして、聞き書きをしようとしても、とても届かない。じゃあ、どうするのかというところで、数年前に思い立って、津軽学、盛岡学、仙台学、村山学、会津学という、もう少し小さな地域をフィールドにした地域学を起こしてみたのです。

内発的発展論は教育学

鶴見　小さなエリアというのは、つまり行政区域の県単位とか、市単位とかでしょうか。地形でしょうか、盆地とか、川の流域とか。

赤坂　ぼくはそれもいくつかあると思います。ただ県単位ではないんです。たとえば仙台学というと、仙台市を中心としたエリアになる。盛岡学も盛岡という町を中心としたエリアになる。でも、津軽学になると、それこそ岩木山が見える、津軽平野という広がりみたいなイメージがあるんです。会津学はかつての藩の領域の中で、中心の会津若松から遠い奥会津と呼ばれるエリアに舞台を定めました。実はこの成り立ちそのものがそれぞれに多様であったわけで、なぜこの五つを選んだのかというと、生身の知っている人間なんです。キーパーソンがそこにいるかどうかということで、自然と決まりました。

鶴見　だから、そのキーパーソンを呼んでくるんですね、座談会に。

赤坂　そうですね、『まんだら』という東北文化友の会の広報誌では、そうでしたね。ですから、具体的な人がいてすべてははじまっているんです。

鶴見　私は個人の聞き書きを中心にやってきましたけれども、個人というものからはじまって、ひとつの塊を考える。

赤坂　そうですね、これらの地域誌を出してみておもしろいと感じたことはいくつもあります。そのひとつは、それぞれの地域誌は「そこに集まった人たちがつくるものだ」という原則をつらぬくことによって、まるで異なった顔を持った五つの地域誌ができあがって、そこからあらためて地域とは何かということを考えさせられたのです。

鶴見　そう、それがおもしろいと思ったのよ。

赤坂　ですから、いっさい中央集権的にしていないのです。

鶴見　上からかぶせない。

赤坂　上からかぶせることはしてない。

鶴見　だからそれが内発的なの。私、とってもおもしろいと思ったのね。

赤坂　ぼくのようなよそ者を、必要であれば使ってくれ、必要でなければ使わなくていいという……。

鶴見　必要でないなら、自分たちで勝手にやったらいい。

赤坂　ですからもうばらばらです。

鶴見　だからすごくおもしろいと思ったのは、これはこのごろ考えている、内発的発展論というのはどこに行きつくかわからない、到達点がないという最初の話がひとつと、もうひとつは、これは教育学なんですよ、分野としては。社会学よりも教育学なんです。社会学でいえば、社会化の理論。というのは、その人間のひとりひとりの可能性を実現、顕在化していく、伸ばしていく。それが教育です。

私がそれをすごく考えたのは、今月出た志村ふくみさんとの対談（『いのちを纏う』二〇〇六年四月刊）なんです。志村さんは、花の咲いた時はもう色は出ないんですとおっしゃる。桜の花の咲く前に枝を切る。そうして、それを煮ると桜の花の色が出る。だからなんでも、そこにある木の可能性を引き出すことが染織であるという。そういうことを具体的にずっと話してくださったので、私がハッと気がついた。それが内発的ということ。それぞれの内なる可能性を引き出す、それが内発的発展論で、そのことをもっと強く中心に考えるべきだなということを考えたんです。

だから、ちょうどそれを考えていた時に、なんとか学、かんとか学って小さいのがでてきて、そして座談会をやって、そこの住民自身がそこの地域の可能性を発見する、そして、それをいまどういうふうに使っていったらいいかということを住民自身が考える。そういうことをするのが地域誌の役割だとおっしゃっているでしょう。それでハッとして、同じようなことを考えているんだなと思って。私はただ頭で考えているだけだけれど、赤坂さんはそれをすでに実践していらっしゃるということに驚いたの。教育なんですよ、これは。引き出すもの。引きだして使うのよ、現在の暮らしのなかに。それが内発的な発展であって、アメリカのようになる、イギリスのようになるということではないのよ。
赤坂　とてもよくわかります。
鶴見　だからすごく私もあれを読んで納得したの。

『会津学』をつくるまで

赤坂　『会津学』を作ったのは、五、六人の女性たちの集まりで、小さな出版社をやっているんです。ほとんどまったく金儲けにはならないんですけれども。それで、『会津学』を年に一冊出しながら、本作りもしています。ぼくが小さな雑誌に「イザベラ・バードの会津紀行」を連載していた、その一五〇枚ぐらいの原稿があったんです。それを彼女たちに、自由に使って本を作りましょうといって提供して、十人ぐらいが集まって、バードの歩いた道をみんなで探索しながら、こんなものがあった、あんなものがあったと発見を重ねながら、みんなで本を作ったりしています。
鶴見　イザベラ・バードってどういう人？
赤坂　明治の十一年に日本にやってきたイギリス人の旅人、探検家です。
鶴見　探検家。いや、探検してるのよ、やっぱり。私は探検が好きなの。子供の時、軽井沢で棒一本持って野原へ行って、探検探検って草ぼうぼうのなかでヘビが出てきたり、カエルが出てきたり、ムカデが出てきたり、いろんなものが出てくるのよ。それで一日中、そうして外で遊んでたんだけれど、探検というのが一番おもしろい。どこへ行くかわからないでいいのよ。なんでもいいからおもしろそうなところへ行ってれば。いやぁ、おもしろい。それじゃあ、イザベラ・バードが書いた本を手がかりにして、ご自分たちがいま歩いたことを書いたわけね。

赤坂　その跡をたどりなおして、小さな本を編集しました。

鶴見　柳田国男を手がかりにして、いま東北学をやっているのと同じ方法ね。どこに行き着くかわからないわね。どこに連れていかれるかわからない、おもしろいね。

――それも赤坂さんが導師でね。

鶴見　そう、赤坂さんは導師。リーダーという言葉は私は嫌いだから、仏教の導師というでしょう、あの踊り念仏。踊り念仏には導師がいるのよ。導師という言葉を使っているの。

赤坂　そんな恰好よくないです。でも、踊り念仏はいいですね。そうかもしれません。みんなワクワクして楽しそうだから参加するんです。踊りたくなる。強制というのは一切ありませんから。鶴見さんもどこかで、「私は権力が嫌いだ、だから政治に弱いんだ」って発言されてましたね。

鶴見　そうよ、だから「あなたには権力の分析がありません」って、政治学者にはずっといわれるの。マルクス主義からはいわれる。権力を奪取しないで社会変革がいかに可能か。小泉（純一郎首相・当時）の改革論、あれはほんとにファシズムよ、ムソリーニです、ヒトラーですよ。

赤坂　ぼくも権力が嫌いなんです。だから……。

鶴見　だからぶらぶら歩きして……（笑）。

赤坂　だから、こういうのをやる時にも、中央集権的に「ねばならない」で押さえつけることは絶対嫌なんです。リーダーだとしたら、これほど頼りにならない困ったリーダーはいないと思います。だから、みんな好き勝手にやりますよ。先が見えないんですけれども、それが楽しくてならない。ぼくにできるのは、最後の責任だけはなんとか取るからね、くらいですか。

鶴見　そうよ。ぶらぶら歩きよ。それが創造的なわけよ。新発見のたくさんいろんなことを、しかも地元の人が自分の土地を掘っていって、新しい発見をするというんだから、すごくおもしろいの。それを仲間をつくってやるわけね。

それぞれの町で作り、売る

鶴見　『東北学へ』はどのぐらいの読者を獲得してますか。

赤坂　それなりに増刷を重ねているようです。それよりもおもしろかったのは雑誌の『東北学』や、その子供として創刊した『会津学』などの五つの地域誌の動きでしたね。まず、『東北学』を立ち上げた時に、「東北文化友の会」というファンクラブをつくったんです。そのファンクラブが一年ぐらいで、年会費一万円なんですけれども、千人になりました。半年、一年で千人いっちゃったんです。

鶴見　すごい。千人からはじめたということ。
赤坂　それからずっと落ちてきてますけれども、いまは七、八百人です。
鶴見　全国にね。
赤坂　全国です。
鶴見　千人といったらすごいですね。
赤坂　すごい数ですね、一万円の会費ですから。それで会費を送ってきて、応援したいだけだから何も送ってこなくていいとか、けっこうそういう人がいました。それで創刊号は八千部刷って全部なくなりましたけれども、いまは二千とか三千ぐらいの部数で動いています。
鶴見　こういうのも入れればね。こういう地域のほうは、また別の地域の人が読むでしょう。
赤坂　『津軽学』『盛岡学』『仙台学』とか、これを作った時にいろいろ考えたんです。全国の流通ネットワークに載せるかどうか。載せるとなると、水準を要求されるじゃないですか。ある水準にしないと商品として無理だとか、有名な人をひとりぐらい入れてくれとかいう話になる。それが嫌だったので、全国流通に載せるのをやめようと思ったんです。それで、作った人たちがそれぞれの町で売れればいいというふうにしたんです。そうしたらおもしろいことが起こりました。
鶴見　そうよ、私たちが『思想の科学』をやった時、町の本屋にみんなもっていって、本屋さんに置いてくださいといって置いてもらい、そこからはじまった。
赤坂　まさにそれですね。すごかったですよ。反応がおもしろかったんです。『盛岡学』は最初、さわや書店というお店にしか置かなかったんです。ところが、一か月で二刷、三刷で総計で三千近く……。盛岡でしか売ってないんですよ。それで『津軽学』も三刷、四刷で、やっぱり三千、四千と売れています。それも弘前とか青森とか、そこだけでしか売ってません。『仙台学』も仙台の書店だけで売って、二刷、三刷、二千五百から三千行きました。

鶴見　本を読まなくなったのにね。だから関心があるんだ。

赤坂　そうです。びっくりしましたけれども、このくらいのレベルできちんとした、こういう地域限定の聞き書きのようなものが求められているということは、よくわかりました。登場するのが無名の、平均年齢が七十代から八十代のおじいちゃんおばあちゃんばかり。それなのに読者がいたわけです。驚きでした。

鶴見　読者の中から書き手も現れるでしょう。

赤坂　そう思います。さまざまなキャッチボールができますから。だからたぶん、トーハン、日販に乗せたら逆に売れないのです。せいぜい千ぐらい流してくれて、売れずにぼろぼろになってほとんどが返ってくる。関西や九州の書店に『会津学』が並んでも、まず買ってくれる人はいません。ところが、こちらは書店とのやりとりも顔が見える形で動いてますから、出たね、よし、売るぞみたいな形で応援してくれて……。

――うちしか置いてないんだから、売るぞ、ということになるんですね。

鶴見　そうそう。だからここで買っていきなさいと。

赤坂　『朝日』も『読売』も『毎日』もみんな取り上げてくれたんです、五つまとめて創刊したので目立ちましたから。それなのに、東京の丸善にも紀伊國屋にも置いていない、買えないわけです。

——それがいいんです。

赤坂　そう。それをやってみたんです。仙台に行かなきゃ『仙台学』は買えない。盛岡に行かなければ『盛岡学』は買えない。東京に何でもあると思うなよ、という気分でしたね。ところが、売れました。五つの地域誌を合わせれば、創刊号の総部数は一万を優に超えたはずです。おもしろいなと思いましたね。もうトーハン、日販が機能してないんですね。

鶴見　じゃあ、東京駅では買えないのね。

赤坂　買えないんです。

鶴見　だからブッククラブというのがいいのよ。私のところに、あなたの本はどこで買えますかというから、それじゃあ、藤原書店のブッククラブに入りなさいって、パンフレットをあげるの（笑）。

キーパーソンを中心にした結びつき

——先ほど、キーパーソンで人とつながっていくんだといわれましたが、やっぱり人なんですよ。

いくらたくさんの人口がいる都市でもだめです。人とつながってないから。

鶴見　赤坂さんは稀有な人物ね。

——学者でありながらそういうことが見えている人は、ほとんどいませんからね。実際にはやらないとわからないことです。

鶴見　そう、実践家。だって、これをやったら先が見えるというのがおもしろいの。で、あっちへ行ったり、こっちへ行ったり、まっすぐ行くよりもずっとこのほうがいいの。ぶらぶら歩きなの。ぶらぶら歩きしてるとおもしろいものの発見があるのね。

——偶然出会うものが必然だと。あえて自分から求めなくても自然と出会うんですね。

鶴見　自然に出会うのね。金子兜太さんだって、お陰様で自然に出会ったら、あんなにおもしろかった。あの人と私はうまが合うわ。あの人もめちゃめちゃな人だもの（笑）。私はまともな人とはうまが合わないのよ。赤坂さんだってめちゃめちゃよね（笑）。なんだかあっちへ行ったり、こっちへ行ったりして、何やってるんだろうと思った。だけど、自分がやるといったら実際にやっちゃうんだからすごい。

でも、はじめた時にいま自分がいる地点、そこはちゃんとわかってた？　わからないでしょう、そこがおもしろいのよ。学者というものは自然科学でも社会科学でも、ここへ行ったらそこへ行く、そこへ行ったらあそこへ行くって、はじめから決めてやるのよ。それが全然わからないんだもの。私も何やってるんだろうと思っていたのよ。ほんとにおもしろい。でも、こうやってお話をうかがうとすごくよくわかるわね、何をやってらっしゃるか。

赤坂　ぼくは論文を書くときもじつは同じなんです。ストーリーはいつもないんです。結論がわかると書きたくないんです。

鶴見　結論を先にいっちゃって、そこまで到達することを論理的に組み立てるのよね。ちっともおもしろくないのよ、そういう学問は。

赤坂　それができないんです。

鶴見　はじめからどこへ行くんだかわからないけれど、おもしろそうだなと思ってついていくと、とてもおもしろいところへ出ちゃうという。

赤坂　自分で書いてて、自分が予期していなかったところにたどりつくと、ああおもしろかったと（笑）。だから論文じゃないんですよね。

鶴見　ほんとにそうよ。南方熊楠がめちゃくちゃな人よ。それであれだけの仕事をしたの。やっぱり創造性がなきゃだめね。ああ、驚いた、おもしろいな。これからが楽しみだけれど、どうやってこの、それこそ悪い意味でめちゃくちゃな時代と向き合っていくかよ。なんだか古いところを掘って、東北なんかへ行ってと思ってても、いま、アジアとの出会い、もうひとつのアジアとの出会いというところへ来ちゃったんだからね。

私はそれがいま日本の直面してる、一番大きな外交問題だと思うのよ、国際関係が。それをばかなブッシュばっかり見てるから、この拉致問題もそうよね。あれがすばらしいことだ、拉致被害者の家族がはじめてホワイトハウスに呼ばれたんですよ、なんて宣伝してるでしょう。向こうは思うつぼなのよ。ちょうどいいカモが来たって、カモをバサッと連れこんだだけよ。つまり抵抗の形というのはいくつもあるのよね。どれがもっとも地道な抵抗の形かということを考えてやらなきゃね。ワーッと人をわかせるようなやり方じゃ、もうだめなのよ。

白虎隊抜きの会津

赤坂　たとえば『会津学』には、人に知られた名前というのはひとつもでてこないんです。

鶴見　でも、終わりに参加者一覧表というのがありますね。だからあそこを見て、この人はこういう人かと。

赤坂　だから、この地域誌はほんとに、奥会津書房という五人の女性たちがやってる、まさに会津の奥まったムラや町に暮らす女性たちの手でていねいに編まれたものなんです。

鶴見　会津は白虎隊でしょう。

赤坂　その話はしませんでしたが、つまり、ぼくは会津学をはじめるときに、白虎隊からはじめたくなかったんです。

鶴見　そうね、だけど会津というと白虎隊が頭に浮かぶわね。

赤坂　それで、ぼくは何をしたかというと、会津地方の中心である城下町の会津若松を起点にすることはしない、と決めたのです。奥会津がいいと思ったのです。それは例によって直感に過ぎないのですが、ボランティアで細々と本を出している出版社につどう、奥会津に暮らす女性たちといっしょに、会津学を立ち上げたんです。ゼロからの出発と思っていましたが、実はそうではなく、すでに奥会津には二十年近く、地域からの内発的な学びの庭が続けられていたことを知りました。ぼくはそこに呼ばれて講演をしているのですが、それはいわば、「この男は信じられるかどうか」とみなで確認しあうための場でもあったようです。まあ、そういう発想は男のもので、女性たちの眼差しは最初からやわらかい親和にみちたものでしたが。ぼくもまた白虎隊に触れると心乱れますし、会津の幕末の悲劇にはある深い憤りを感じてきましたが、その向こうに広がっている会津を掘り起こすことから始めようと思って、会津若松からさらに奥に、会津の辺境にあえて知の拠点を求めたんです。

鶴見　辺境の辺境ね（笑）。私、『東北学』がはじまったとき、辺境から風が吹くという歌をつくったんです。

辺境より新しき風吹きおこせ『東北学』の創刊を祝《ほ》ぐ（『歌集　花道』）

新しい風が吹くのよ、辺境から。中央からは固定したものしかでないのよ。

——そうですね、それはまたおもしろい話ですね。

鶴見　だから、すごい組織ね。

――そういうことを、中心の出版社をはずしてという……。

鶴見　だけど出版社があったということもおもしろいわね。

赤坂　女性たちが五、六人で一冊一冊作っているんです。

鶴見　出版社をつくっちゃったの。

赤坂　出版社といっても営利事業じゃないんです。とにかく集まって、本を作ってるんです。

鶴見　じゃあ、新しい起業家ね、これは。

赤坂　起業家といっても金儲けになってないんで……。でも、会津の歴史や文化を残そうということで集まっていたグループだったんです。それで、応援したくなってしまって。だからあの『会津学』という雑誌を、会津若松の人たちは、これは会津じゃないっていわれると思います。だって、創刊号の冒頭に置かれていたのは「渡部家の歳時記」でしょう、奥会津のムラの、ひとつの家の年中行事と食文化について、東京から嫁に入った渡部和さんという女性が、姑から七年間に渡って聞き書きをしていたノートを元にして書き起こした百数十枚の原稿ですからね。こんなものは会津じゃないっていいますよ。でも、それでいいんです。だから、あの『会津学』には白虎隊がひとつもでてこないんです。

鶴見　それはいいわ。

会津の文化力

赤坂　でも、歩きはじめてみると、会津の文化力というのはすさまじいですね。司馬遼太郎さんが、江戸時代の会津藩は全国で一、二を争う文化力、教育力をもっていたといわれてますけれども、まさにすごいです。

『会津農書』という形で、近世前期の一六八〇年代に豪農が詳細な農書を残しているんです。いまその読書会をやっているんですけれども、稲の品種が何十種類もあって、土も十種類ぐらいあって、この土にはこの品種をこの時期に植えよとか、それはそれはすさまじいものです。それはたぶん冬場に、村々の豪農クラスの人たちが順番に借りうけて筆写して、次々と広まっていたものだと思います。ですから、その写しがいくつも発見されていますけれども、驚くべき経験知に根ざした啓蒙書です。そんな『会津農書』だけではなく、『会津風土記・風俗帖』とか『新編会津風土記』とか、たんに武士階層には留まらぬ民衆レベルの学びのネットワークなしには不可能な記録がいくつも残っています。

鶴見　白虎隊だけじゃないのね。

赤坂　とんでもないです。だから近世の会津藩の文化力はほんとにすさまじいですよ。たとえば『風土記・風俗帖』を作るためには、おそらく十年、二十年にわたって藩が支えて、それぞれの集落に調査記録を提出させて、膨大な編纂作業をしているんです。それが近世に数度にわたって行なわれている。それをしかも、地元の歴史春秋社という出版社が復刻して刊行しているわけです。途方もない、内容的にも多岐にわたる史料ですね。ぼくはほかの地域、たとえば山形を歩いていますからよくわかるんです。とりわけ内陸部にはほとんどそうした記録がありません。文化力の差がこんなにもあるのかと、会津に来てはじめて気づかされました。

鶴見　会津というのは文化力が高かったのね。

赤坂　高いですね。ですからいま、そこに暮らしているおじいちゃんおばあちゃんから話を聞く、そして民具がある、『会津農書』がある。『会津農書』はいまから四百年近く前の書物ですけれども……。

鶴見　それは読めますか。

赤坂　読めます。『会津農書』と、おじいちゃんおばあちゃんの語りと、民具というモノとを重ねあわせにすることができるんです。いまあるその民具が、四百年前の『会津農書』の中にも、図版の形で描かれている。その農具のもつ宗教性をうかがわせる記述があったりする。ほんとに途方もない記録だってことがわかります。とにかく、ほかの農書類と比べても圧倒的な情報量なんです。

鶴見　じゃあ、技術がすっかり……。

赤坂　そう、継承されていますね。しかも、『会津農書』にはしばしば「古老がいうことには」

みたいに、聞き書きによる知識が取り込まれているのです。ですから、その時代からさらに五十年、百年昔の知恵が入りこんでいますから、中世につながっていますね。ある意味では、おそろしい地域だなと思います。いま眼の前に転がっている民俗が、モノで、語りで、文書で中世末期からの時間の中で押さえられる、そんな土地はないですよ。

鶴見　それは倒叙農業史ね。

赤坂　『農書』といってますけれどね。

鶴見　倒叙ですよね。いまから遡れるということ、倒叙日本史というのがあるでしょう。私、歴史の書き方では倒叙というのがすごくおもしろいと思う。だから私の自伝も倒叙にしようと思ってる。はじめからずっと書いていくと、むだなことも書いちゃうわけよ。だから、いまの私がこうある、それはどうしてだろうかと遡っていく、いまの自分の特徴から、それはどうしてできたんだろうかって。倒叙にするとおもしろいんじゃない、自伝も。私、いまそれを考えている。だからいまのものから、なぜこのものはこうあるんだろうと思って遡っていくとおもしろいわね。いまあるんだから。はじめから書いていくとめんどくさくなるでしょう。

赤坂　只見町という会津の小さな町で、民具の保存活用運動が二、三十年かけて行なわれているんです。機械化されて、古い農具はいらないと捨てられる時代がはじまっていたんです。その時、おじいちゃんおばあちゃんたちが集まって、公民館に民具を集めて、それをどうしようかということで、自分たちで記録を、指導者はいるんですけれども作りはじめるんです。その記録はすごいですよ。使ってる本人がひとつひとつの写真を撮り、何と呼ばれているか書いて、これは自分はこんなときにこんなふうに使ったというようなことを記録する……。もちろん民俗学者じゃないんです。おじいちゃんおばあちゃんがみずから記録者になっているんです。

鶴見　実践記録ね。農業をやってる人がね。

赤坂　そのおじいちゃんおばあちゃんたちが写真を撮り、記録を書き……というのがいい。学者じゃなくて、会津に暮らすじいちゃんばあちゃんが民具の記録作業をやって、一万数千点集まり、それが国指定の民俗文化財にまでなっていますね。

集落の「物語」をつくろう

鶴見　だからそういう伝統があるから、こういう会津学とか、仙台学とか、盛岡学ができるわけね。

赤坂　とりわけ会津はまちがいなく、そういう文化力がまだ残っていると思いますね。

鶴見　だから東北にも、それだけの文化があったわけよね。それが会津を深く研究なさったから出てきたんだけれど、まだ研究していないところにも可能性はたくさん残っているわけよね。いまやっておかなければもうなくなっちゃうわね。

いま一所懸命思い出そうとしているんだけれど、東京の近くの農村で、日記があるのよ。貧農の日記。それはすばらしいのよ。そして、それはとうとう本に印刷しちゃったの。それを私はいま持っているんだけれど、名前が『○○の日記』という題で出版されたの。その話はそこへいったとき聞いてたんだけれど、そんなものが出版されるかなと思ったら、ほんとに出版されて送ってくれたんだけれど、どこのお蔵にもあるものなの。だから東北にもたくさんあるでしょうね。

赤坂　あります。ぼくはいくつかそういうものに出会ってますけれど……。

鶴見　だからいまやっておかなくちゃならない仕事なのよ。

赤坂　そう思います。たぶんあと十年、二十年でそういう日記類は全部処分されてしまうはずです。

鶴見　子孫がちゃんとその価値を認めて保存しておくかどうか。機械化された時代にこんなものいらないといって捨てちゃうかもしれないしね。

赤坂　大字《おおあざ》か小字《こあざ》レベルの集落の『○○物語』をつくれないかと考えたのは、そういう掘り起こしも念頭においているんです。そこまで降りていかないと見えてこないものがある。じつは会津学の周辺でそういうものが少しずつ見えてきていて、「自分の祖父がこんなものを残している」とかでてきています。

鶴見　そういうことにほんとに興味をもつように導師がしむけていくわけよね。

赤坂　でも、ああ、おもしろいね、おもしろいねといってると、みんなワーッと走りまわって探しますね。

鶴見　いいわね。導師がまた目を輝かしてよろこべば、それが励みになって。そういうお弟子さんたちが大学の中にも、大学の外にもいま育ってるわけね。だからほんとうの教育者よ。

赤坂　弟子ではないですけれども、ほんとに地域の中にもいろんな人たちが少しずつ動きはじめています、おもしろがってますから。

鶴見　だけど、骨が折れるわね。体力がいるわね、それをやるには。私みたいにだんだん年もとって、病気を背負ってると、体力が落ちてくるから、まず体力をどうするかということを考えちゃうわ。

「会津学」という学びの場

――今日のお話で、内発的発展論をテコにした東北学の展開がほんとうによく見えました。

鶴見　きょうはすごくよくわかった。あの本だけ読んでて、すごいなと思っても、どうしてこうなるんだろうというのがわからなかったの。

私、内発的発展論は教育ということだと思う。内発的発展論はなんですかというと、社会学じゃないの。これは教育なのよ。教育の方法なのよ。そしてこれがほんとの教育なのよ。そこの中に内発してあるものを掘り起こさなきゃ、発掘しなきゃでてこないの。それを発掘して伸ばす。それは植物染料でものを染めるのとまったく同じ方法だということを、志村ふくみさんに教えていただいて、今回は赤坂さんに、これは民俗学だけれど教育民俗学なのよ。民俗学的教育なのよ。それが内発的発展論なのよ。

私、『東北学』を読んでて、この座談会をやってる人の名前が全然わからないのよ。あら、この人誰なんだろうと思って、それで後ろのほうを見ると、ああ、その土地で何かやってる人なんだなということがわかって、ハッと気がついた。そこの地元民による発掘、しかも仲間のなかで発掘して、それを日常に、生活に役立てていく。ああ、そういう形で発展が行なわれる。やっとわかったのよ、内発的発展論のすごく新しい展開だわ。うれしいわ。

赤坂　教育という意味合いでいいますと、まさに会津学がそのままに学びの場になっているんです。まず勉強会をやろうと会津学研究会を立ち上げて、そうしたら二、三十人の人たちが、出入りはありますけれども、集まってきて、わりあい若い人たちが多かったんです。二十代、三十代、四十代で、その若い人たちに、こんなのでやってみたらどうかとか、勉強会の中でテーマを見つけて、それぞれが散っていく。たとえば、二十代の若い女の子がどうしていいかわからない、じゃあ、おばあちゃんの実家のあるムラに行ってといでということで、お盆のことをスケッチとかメモにして戻ってくる。

それがすごくおもしろかったり、あるいは、今回の『会津学』でいろんな人たちが読んで一番おもしろいといってくれたのは、先ほども触れた「渡部家の歳時記」なんです。書き手の渡部和さんは東京から嫁にきている四十代の女性なんです。昭和村というところで、からむしという伝統的な素材で布を織る技術が伝承されてきて、いまは資料館（からむし工芸博物館）ができているんです。そこで織姫の研修にはじめて参加した女性が、そこでからむしについて勉強しながら暮らしているうちに、その地域の男の人と結婚して暮らすようになったわけです。そこで彼女は、姑さんから渡部家の歳時記の中の食文化を中心にして聞き書きをしているんです。正月にはこんなハレの食べ物を作るのだけれど、どんな素材を手に入れて、どんなふうに料理をするのかといったことを、実に丹念にあくまで具体的にノートに取っていたんです。七年分のノートがあって、それを渡部和さんは「渡部家の歳時記」という長編のエッセイにまとめました。圧倒されました、おもしろいのです。嫁と姑、都会の出身の女性とその土地に暮らしてきた女性との絶妙のかけあいと交流なんです。彼女はおばあちゃんを生活者としてとても深く尊敬しながら、たとえば料理ひとつの中にどんな知恵がふくまれているのかということを、非常に繊細に聞き取っていくんです。しかも嫁と姑の緊張関係というものがあるんです。「まだこれは、お前には教えらんねえな」といったおばあちゃんのセリフが、なんとも生々しくて微笑ましくもあり、すてきなものに感じられるのです。

鶴見　食事というのは母系制なのよ。

赤坂　ああ、ほんとにそうなんですね。それでじつに丹念に、おそらくどんな優れた民俗学者だって絶対に届かない世界がそこに表現されているんです。そして、非常に象徴的だったのは、この生活の最小単位である家をフィールドにした「渡部家の歳時記」がたくさんの人に届き、感動をもたらしたということなんです。それを見ていて思ったのは、つまり教育の場として、この地域学、地域史というのがものすごく有効なんだということでした。彼女は聡明な女性ですが、もし『会津学』がなければ、けっしてそれをまとめることはなかったはずです。

鶴見　ただ書いて、ノートだけだったのね。

赤坂　ノートだけです。発表するなんて考えたこともなかった。自分がいずれ引き継がねばならないという覚悟をもって、姑から聞き書きをしていたのです。それが活字になって読まれてみると、ほんとにおもしろいんです。それで、「○○家の歳時記」とか「○○家の年中行事」とか、もっとも小さな地域誌を編んでみたらおもしろそうだななんて思うわけです。

鶴見　どこの家だってあるわけね。

赤坂　それをたくさん集めてみようかみたいなことで、会津学は動きだしているんです。もちろん、渡部和さんのような人がそんなに何人もいるわけがありませんからね、むずかしいとは思いますが……。

ムラの「物語」を書き留める

鶴見　食と職、みんな機織りして、家族のものを作っていたの。それで盛岡なんかはホームスパンもあるし、むらさき草、茜草の絞り、あれで有名でしょう。だから衣食住でいろんなものがあるわね。そして「〇〇家」というのがそこへついてくるわけね。おもしろいなぁ。

赤坂　それはもう、やってみなければ見えてこなかったことなんです。こういうことなのかな。いま、立っているここから記録をはじめる、あるいは暮らしや生業の記憶というものを書き留めていく作業が必要なのかもしれません。それでさきほどの話にまたつながってくるんですけれども、盛岡学や仙台学や会津学でも大きすぎる。

鶴見　大きすぎるわね、もう。

赤坂　どうにも大きすぎる。そこでいま考えているのが、字《あざ》か大字《おおあざ》ぐらいのレベルの、「〇〇物語」をシリーズ化してみようかということで、大学院生とかを使って、自分たちが入っているムラの記録を「〇〇物語」という形でまとめていく……。

鶴見　私も『ステブストン物語』ってやったの。移民の村へ行ってね。

赤坂　『鶴見和子曼荼羅』の「人の巻」に収められていますね。鶴見さんのはじまりのフィールドワークは移民研究であり、しかも、それを徹底して個人史を掘り起こすことから始められていましたね。その成果が『ステブストン物語』にまとめられていたわけですが、あらためてきちんと読み直さねばと思いました。それにしても、いまという時代であるからできる仕事がたくさんあるのかもしれませんね。

鶴見　だけど、考えてみると、日本は江戸時代からずっと庶民のあいだに文字の読み書き、算盤が普及してるでしょう。だから丹念にそれを書きとめて、自分のお蔵に積み重ねて、そして子孫にこれを読ませたという家がたくさんあるでしょう。そういうの、私、いくつか見たんだけれど、おもしろいのね。農作業とかいろんなことで、そういう記録が江戸時代から残っているのよね。だから、そういう伝統が明治以後もあるのね。もう明治百年だからかなり積み重ねがあるはずだし……、これから始めるのもおもしろいけれど、まずそれぞれの家にそういう記録が残ってないかを発掘することも必要かもしれないわね。

赤坂　きっとたくさんありますね。それもいずれ出てくるだろうと思っています。家にある古い写真を手がかりにして記憶を掘り起こすとか、ゲリラ戦だと思っていますので、方法はなんでもいいんです。戦前の古い写真がどこかの家にあれば、それを手がかりにして、そこに写っている人たちを子孫の方たちに聞き書きして突き止めるとか、いろんなことを考えています。

鶴見　これから大変ね、する仕事が。ほんとに死ねないわ（笑）。赤坂さんは不死身でなきゃだめだわ。

赤坂　でも、ぼくがやるというよりは、ぼくはただそういう企画を思いつくだけで、いろんな仲間たちがそれぞれにおもしろがって走りはじめれば、途方もないことが起こりますから……。

鶴見　導師、導き手になってそれを奨励すればね。

4　地域から国境を越える

日本とアジアの「もやいなおし」

赤坂　この盛岡学とか、五つの地域学がなぜ可能だったかというのは、もうこの十年ぐらいのあいだに作られてきた人と人との絆とか、ネットワークができあがっているので、声をかけるとワーッとみんないっせいに……。

鶴見　そう。それが「もやいなおし」よ。水俣のもやいなおしよ。それがおもしろいのよ。今度はもやいなおしが、世直しのキーワードになるわよ。

赤坂　そうですね。これはたぶん、東北学の……。

鶴見　これは優れた実践よ。私、なんでこんなものがでてきたのかと思ったの。最初は見てびっくりしたのよ。どうするんだろう、こういうふうにだんだん下位に移って、どうなるんだろうと思ったら、読んでみるとすごくおもしろいのよ。

赤坂　ですから、字ぐらいのムラ、さらには〇〇家まで降りていって、いずれそこからまた地域というものの再編に動きだしていく……。

鶴見　それがほんとの歴史なのよ。だから網野さんは「いくつもの日本」といって、パッと死んじゃったんだから、もったいない人ね。そこからはじまるのよね。

ところが、これをずっとやっていったら限りがないわけよ。だからどのようにまとめるかと思ったら、今度は「いくつものアジアへ」（『東北学』vol. 9）という、あれもとてもおもしろいけれど、あれについて、私、うかがいたいんです。あれは、そのアジアのいろんなところへ行って調べるよりも、そこのことを調べている人、それからそこに住んでる人に書いてもらって、あれが成り立っているのね。だけど、これからあれをどういうふうにやってらっしゃるの。済州島もいくつかでてたし台湾もでてたけれど、中国の雲南省の昆明、あそこは少数民族が一番たくさんいるところですよね。そしてあそこに私は行ったことがあるんだけれど、すごく日本人に似てるの。それから食べ物なんかも、とっても似た食べ物があるのね。だからここは日本に一番近いところなんですよなんて、向こうの人でいう人もあるぐらい。

だから、これからアジアの問題をどういうふうにして、「いくつもの日本」から「いくつものアジア」へ開いていくのか。

そしてアジア問題を、昔のアジア主義についても、子安（宣邦）さんやいろんな方と対談していらっしゃいますね。そういうアジアへの見方がどのように変わってきたか。いま大きな転換期にあると思うんです。また日本はアジアに攻めこむ可能性が強くなってきたと思うんです。もう一度やろう、それが小泉の靖国神社だと思うんです。お前たちは神様にしてやるから、もう一度、アメリカといっしょにやろうと。いまの日本はそういう志向だと思うんです。だから、それまで生きていたくないというのが、私の考えです（笑）。

だけど、もうひとつ、なにしろ弱いものをいじめるのがいまの政治だからね。私のような、ほんとの弱者は、どこまでも生きぬいてやるぞという、そういう意志がすごく強くなったんです。食べ物にも気をつける。夜寝ることも気をつける。ところが、いちいち破壊してくるんです、上から。年寄りはもうリハビリをしなくていいとか、どんどん消していくんですよ。それで、ここのお医者さんが、これは小泉さんの政策でございます、といって説明するの。あなたは八十八歳です。そして大腿骨骨折をしています。それで手術しました。そういう人はいくらリハビリをしても、これからよくなるという可能性は非常に少ない。だからもうあなたのリハビリはこれでやめます。これは小泉さんの政策でございます。ハハーンと思って、私、それを聞いてから生きてやるぞって、そういう気持ちなんです。

だからもう戦争に照準を当ててますね、海兵隊グアム移転費の五九パーセントを日本が負担すると言うけど、七五パーセントから五九パーセントになったって一〇パーセントぐらいじゃないの。それだけ負担するというのは、いっしょに戦争をするという前提があるからですね。それで靖国神社に参拝して、戦争に行って、お国のために死ねば神様にしてやるぞ、だから行け。そういうことですよ。
　下から積み上げていくという学問は大変なことですよ。そういう学問をすることこそ、ほんとうの学者としての抵抗ですよ。だけどこれが、どこへ行くのかと思ったら、こういう教育的な集団をつくっていく。そして、その住民が自分たちでその地域の可能性を発掘し、それを今日の暮らしに役立てていって、新しい形の発展をやっていく。そういうところに目をつけられたんだなと思ったの。

赤坂　この対談のためのレジュメの中に、「内発的発展論では、国家という単位を離れて、地域を単位にした発展のあり方を模索した。東北学においては、どのような単位で東北を見ていこうとしているのか。県、都市レベル、もっと大きなあるいは小さな単位だろうか」という問いかけがあります。ぼくはこの問いかけを受けながら、考えていたんですけれども、政治的、経済的、とりわけ政治的には、地域というのは国家より小さな単位ですね。けれども、文化的に考えたときには、実は地域が国家よりも大きくなる可能性があるんじゃないか。
　地域というのは、暮らしとか生業の舞台としては、限りなく小さなムラを起点としてはじまる。けれども、その地域がみずからの内にはらんでいる文化の多様性というものを眺めていると、それはものすごく広い、可能性としては国家を超えていくような領域に広がっているということでしょうか。

鶴見　それがアジアに目をつけたひとつですね。

赤坂　それがアジアに向かわざるをえない、自分の中の必然のような気がするんです。

鶴見　ああ、そういうことなんですね、わかりました。

「柳田民俗学のかくし味」

鶴見　柳田国男は一国民俗学といわれているけど、国家が文化の単位ということはないでしょう。国家単位の文化なんてない。それが柳田国男の「一国民俗学」のおかしなところです。

赤坂　そうですね。あの時代のある理念的な選択だったと思いますけれども、日本列島の国境の中に文化が均質に収まるということはありえない。

鶴見　そう、ありえないわ。しかし、柳田が送ったこの絵葉書を見ると（田中正明編『柳田國男の絵葉書』）、膨大な量の英、独、仏、伊の、ヨーロッパに滞在したでしょう、委任統治委員会のために。その時、とくにイタリアを何回も旅行して、そして本屋に行っては、イタリアの民俗学の本をたくさん買いこんで、しょっちゅう家に送っているの。それで手紙に、こんなにたくさん本を送って、一体、家に積んでおくところがあるかどうか心配だし、自分の一生をかけて読めるかどうかもわからないと、たびたび書いているのよ。だからよっぽどたくさん本を送ったの。それが柳田家にあるはずよ。そしてそれを柳田がどの程度読んだか。それを調べてみる必要はあると思うの。

それで見ていくと、柳田はヨーロッパへ行くと、寺院やなんかに行って、いちいち壁の絵とか像とか、そういうものを調べて、そしてそれについての感想を書いてる。そうすると、聞き書きはしないけれど、かなり実地を見たな、と。それから本もかなり買って読んだのかもしれないと思ったの。丸善にはじつによく通って本を読んでるということはわかってるけれど、熊楠は、どの本の何ページに何があったって、きっちり書いてるの。だけど、柳田は全然注がないのよ。それだから、ああいう文章の書き方をしたから、何も知らないみたいに見えるけれど、「柳田民俗学のかくし味」という題で書いたの（同前書所収。本書所収）。隠し味はあるんだって。だから一国民俗学ではあるけれども、その裏に比較の視点はしょっちゅう持っていたというふうに考えてみることができるんじゃないか。とくにハインリッヒ・ハイネとか、アナトール・フランスとかのものを読んでいるわけよ。

私もいまほんとに尊敬してる。つまり、柳田国男がいて南方熊楠がいるというはざまにあって、私はおもしろいの。だから柳田をやってなかったら、南方の真価をほんとにわかることはなかったと思う。柳田をやったから、あ、これだと思った。

タブの辿った海上の道

赤坂　たとえば、柳田には「椿は春の木」というエッセイがあって、椿の民俗を手がかりにして、いわば列島の民族史的な景観の一端を照らしだすような試みをおこなっていますね。椿は神の社の木であり、信仰によって北へ北へと運ばれたと柳田は想像していました。たしか昭和三（一九二八）年でした。柳田自身はそれを、日本列島の内側に封じ込めています。あきらかに国境の手前で寸止めにしているのですが、そうした一国民俗学的な身振りというのは、ほんとはひと筋縄ではいかないですね。いったい柳田国男という人は「一国民俗学者」であったのか。だから、「椿の来た道」をほんの少しでも、眼の前にある国境の向こうに押し広げてやれば、いくつものアジアにつながっていくような可能性が現われてくる気がするんです。

さきほど飛島の話をしましたが、飛島には学生たちと何度も聞き書きに出かけています。そこで象徴的だと思うんですけれども、その島はタブの群生林の北限なんです。照葉樹ですね、タブの木というのは。その群生林がある。島の地図にその群生林を落として調べてみたら、そのタブの群生林があるところがすべて神社でした。柳田のいう椿と重なります。

鶴見　ああ、産土の鎮守の森ですね。

赤坂　そうなんです。まさに鎮守の森になっているんです。その時に不思議に思って、島の人たちになぜタブなんですか、タブの木を神木として大切にしてるんですかと尋ねますと、いや、そんなことはないと返ってきます。つまり、もう神木としての記憶はほとんどなくなっている。けれども、タブの林があるのは神社の境内だけなんです。もうあきらかに神社の産土の森なんですね。

鶴見　背が高いんですか、タブは。
赤坂　高いです。
鶴見　ああ、だから神が降りてきやすいんだ。
赤坂　そうですね。それでさらに質問を重ねると、タブの木の下には水があるから、タブは伐るなっていわれてきたという。おそらく、その程度のレベルになってしまってますけれども……。
鶴見　だけど、それはタブーとしておもしろい。
赤坂　そうですね。タブの木を神木として、伐ることをタブーとする文化というのがそこに垣間見えると思いました。
鶴見　だけど、それ全部調子が合うんじゃないんですか。鎮守の森というのは雑木で、そこに水がたまって、そこの新田開発をしたときに田んぼに水が潤う。全部それは理屈にあっているわね。
赤坂　飛島はかつてほんの数枚の田んぼがあるだけで、田んぼのない島でした。ただ非常に水不足に苦しんできましたから、大事なものだったんです。
鶴見　それは生活のための水ね。
赤坂　そうですね。その飛島のタブがとても気になっていたんです。飛島の対岸の庄内平野の屋敷林を調べたことがあるんですけれども、屋敷林の中のある一角が稲荷の社があったりして、「ヤマツボ」と呼ばれているんです。そこがいわば屋敷地の中の神域、霊域なんです。ある時、そこに生えている木を見ていましたら、椿とかタブとかの照葉樹なんです。つまり、東北の庄内という地域では、江戸時代に新田開発でできたムラの家々の屋敷林の一角に、かならず照葉樹の森が、いわば産土の森として移し作られている。そこにもタブがあるんです。

鶴見　そこに水がたまる。

赤坂　水もたまると思います。とにかくタブが生えている。このタブの木が気になって追いかけはじめました。そうすると、飛島のタブを群生林としては北限として、南へとタブの木の分布をずっと辿っていくと、海沿いに佐渡から能登半島、若狭のあたり、隠岐島や対馬などへと、大きなタブの神木が点在しているわけです。それは神社の境内であったり、あるいは家の入口の勧《かん》請《じょう》という儀礼をする、そこの木であったりとか、ずっと辿っていくと、あきらかに神の木として南につながっていくということがわかりました。

「一国民俗学」から「海上の道」へ

赤坂　折口信夫が『古代研究』の口絵写真にタブの木を載せているんですが、それはどうやら能登半島の岬のタブであったらしい。沖縄でもタブの木が御嶽《うたき》とつながる形であるようです。それで気になっていたときに、これもたまたま人との出会いのなかで、韓国の済州島とか、珍島とか多島海のあたりを何度か訪ねる機会が生まれたんです。そこで珍島の近辺の島から島へと歩きながら、何が神木になっているのか調べていきました。柳田が関心をもった榎が神木とされる例が多く、ほかに椿もしばしば堂（タン）で見かけました。椿が信仰によって運ばれたのだとしたら、それはきっと国境を越えて韓半島にもつながっているのだと思いますね。

鶴見　そうよ。比丘尼が椿をもって北へ。

赤坂　八百比丘尼の話ですね。そして、タブを神木とする島もありました。つまり、この神木としてのタブは、飛島のタブを手がかりにして、まちがいなく国境を越えて韓国の多島海にもつながっていく。沖縄からさらに南の島にもずっとつながっていくような……。飛島ではもうひとつ、つけ加えますと、トビウオ漁が大変さかんにおこなわれています。七月くらいに訪ねると、男たちがトビウオを捕ってくると、女たちが七輪で半分焼いて、干して、それをウドンとかソバを食べるときの出し汁を取るのに使うんです。

鶴見　トビウオってほんとは食べておいしくないんだけれどね。

赤坂　そのトビウオの文化というものも辿っていくと、やはり東南アジアですね。東南アジアのほうにまったく同じ、トビウオをダシとして使う文化があるということで、おそらくこれは黒潮に乗って北上してきた文化のひとつなのだと思いますね。黒潮は九州の近くで北と南に分かれて、太い流れは銚子の沖のあたりまで伸びていますが、細い流れは日本海に入って北上していくんです。それを市川健夫さんという地理学者は、青潮と呼んで、「青潮文化論」というものを提唱されたんです。

鶴見　青潮ってなんですか。

赤坂　黒潮ほど海の色が黒くないんです。濃い青い色をしているというので、青潮と名づけたんですが、おそらくその青潮に乗って入ってきた文化の北限の形が、タブでありトビウオでありというふうに見ることができる。島国だからわかりやすいのかもしれないんですが、この列島の文化の中には、まさしく国境を越えた大きなアジア的な広がりのなかでしか語ることのできない文化がたくさん埋もれている。いくつものアジアが浮かびあがる。

鶴見　「海上の道」ですね。

赤坂　「海上の道」ですね、さまざまな細い、太い道がある。

鶴見　『海上の道』を最後に柳田が書いたというのは、すごくおもしろいことね。

赤坂　そうですね、一国民俗学の人でありながら、それを超えていく可能性の種子をいたるところに蒔いてくれていた、という……。

鶴見　あそこに可能性がちらっと見えたのよね。

赤坂　だから、われわれがするべきことは、柳田の批判のさらに向こう側へと出て行くことであり、さまざまな海上の道があったんだと思います。だから、地域というのは……。

鶴見　閉ざされたものじゃないわね。

赤坂　そうですね。政治的には、確かに国家より明らかに小さい単位かもしれないけれども、じつは……。

鶴見　むしろ開かれたのね。
赤坂　文化的には開かれている。
鶴見　北だってそうですものね。
赤坂　そう思います。だから地域のイメージというのはぐっと閉じていく、小さな領域に向かって閉じていく、凝縮されていくと同時に、もっと広やかなアジアを抱えているような、そういうイメージで、地域というものを考えていきたいと思って動きだしています。
鶴見　それをいまやってらっしゃるのね。いまアジアをどう見るかというのが、もう一度考えなおさなきゃならない重大な問題になってきている時に、地域からアジアへ、地域学からアジアへ、すごくおもしろいと思ったの。だから、これをどういうふうに位置づけ、どういうふうに発展させていこうとしてらっしゃるのかということを、最後にうかがいたいと思っています。

大東亜共栄圏の幻影

赤坂　理論的な見通しとしては、ブローデルの『地中海』の刊行に際して、網野善彦さんがエッセイとシンポジウムでの発言を残されているんですけれども、それが手がかりになるかもしれないと考えています。網野さんはその中でいわゆる「日本逆さ地図」というものを手がかりとして、オホーツク海から日本海、東シナ海へと連なる形で、日本列島の弧状と大陸とのあいだに内海《うちうみ》がつくられていると述べています。ぼくはそれを「東アジア内海世界」と呼んでみたいのです。そのいくつもの内海を舞台として、人や物の多様な交流があったわけです。

いま東北芸術工科大学と姉妹校の京都造形芸大、そして韓国のホンイク大学という三つの大学で、東アジア芸術文化研究所というのをつくろうとしています。それでその打ちあわせの会議の中で、ぼくはおみやげに、網野さんが使われていた「日本逆さ地図」を、富山県から取り寄せて持っていったんです。そうして、いま自分が考えていることを、その地図を見ていただきながら語ったんです。その場では同僚の研究者は通訳されなかったんですが、あとから聞きましたら、この地図は大東亜共栄圏を思い起こさせる、日本が頭の上から乗っかっているのは気持ち悪いという反応があったらしいんです、韓国の人たちから。地図というのはどんな地図であれ、何らかの思想やイデオロギーの表現なのかもしれません。うかつにも気づかずにいました。やっぱりイメージなんですね。あの「日本逆さ地図」が喚起するイメージというのは、少なくとも網野さんにとっては、まさに日本という国家イメージを相対化するための地図であったかと思います。ところが、韓国の知識人たちは、侵略の記憶と結びつくという感想をいだかれたようでした。だから、ああ、そういうものかと思って……。

ですから、こちらが自明であると思ったり、よかれと思うことがストレートに伝わるわけではないということを自戒してかからないと、関係を築くことそのものがむずかしいんだろうなと、そのエピソードを通じて痛感させられましたね。

鶴見　網野さんもこれを使ったときに、そのことは考えなかったのね。

赤坂　考えてなかったと思います。

鶴見　だからそういうずれが、感覚的なずれがずっとあるのよ。それは日本があの侵略戦争を反省してないから、それが起こるの。だからヨーロッパ連合ができたのは、ドイツがちゃんと反省したからヨーロッパ連合ができたのよ。日本では東アジア共同体なんて口先でいっても、ああ、東アジア共同体は大東亜共栄圏と同じだと思う人がたくさんいると思うわよ。

赤坂　そうですね。

鶴見　それはいい教訓ね。

赤坂　いい教訓でした。ある意味では衝撃でした。網野さんがまさに日本史の反省としてこの地図を提示したにもかかわらず、大東亜共栄圏の幻影がかぶさってくるという。

鶴見　赤坂さんのやり方のおもしろいところは、何か止むに止まれぬ気持ちで何かをはじめる。そうするとやってるうちに次が見えてくる、それでその次が見えてくるって、やりながらあっちへいったりこっちへいったりしていくところね。はじめからこの次はこう、この次はこうという段階的発展論じゃないというところがいいのよ。カーヴしながら、寄り道しながら発展していくのよ。

だけど、その大東亜共栄圏の幻影感覚を払拭しえなかったのは、こちら、日本にあるんだから、それはしかたがない。いまもずっと続いているんですもの。

国境を越えた絆の「創造」

鶴見　このごろは産業廃棄物や一般廃棄物がそれに乗っかってくるのが大問題なの。

赤坂　そうですね。飛島を歩いていると、海岸にハングル文字のゴミがいっぱい流れついています。われわれが日本海と呼んでいる内海を舞台として、海から見た日本、海から見たアジアを「東アジア内海世界」といったイメージで再構成することができないだろうか。そのとき、もうひとつの東アジアの、そこに生きる人びとの文化的な、精神的な絆みたいなものを将来に向けてつくることができないか。その手がかりがほしいと思っています。

鶴見　源流論ではないとおっしゃるのね。そこがとてもおもしろいと思うんです。源流、源流というけれど、源流じゃないんです。これからのもやいなおしなの。

赤坂　ほんとにそう思います。東アジアの中のもやいなおしを、われわれの拠って立っている文化というところから、文化の領域からやれないかなということです。

鶴見　それも源流論とか、自然独立発生論とか、そんなかつての問題じゃなくて、これから結びなおし、「結び」ということですね。

赤坂　だから源流をたどるという仕事を、ぼくは尊重しますけれども、これからわれわれがアジアの中で生きていくために、アジアの中の文化的なつながりとか、アイデンティティみたいなものをつくりなおさなくてはいけないのだと思うのです。これはもうはっきり「創造する」ことだとぼくは思っていますけれども、あるものを発見するのではなくて、これから共同して「創造していく」ことこそが求められているのではないか。そういう動きのなかで……。

鶴見　いま地域史でやっていらっしゃることを、アジアの中でやろうということね。

赤坂　やれないかなあと思いますね。ですから東アジア内海世界みたいな、国境によって閉ざされることがなく、人と人がさまざまな形で交わる、結びあっていくようなイメージというのを、たとえば倭寇のようなマイナスのイメージではない形で、共有できるようになった時に、新しい精神の絆みたいなものが共有できるようになるのかもしれない。そんなことを一番深いところの動機づけとしてはもっています。

鶴見　わかりました。そうですか。そこまで話していただいたのね。最初の地域学からここまできたんだから、十年、たった十年でここまできたんだからすごいわ。そしていまの、まさにいまの問題にがっぷり取り組んでいるわけよ。アジアの問題がきちんと論じられず、アメリカとかヨーロッパばかりを相手に国際関係が論じられていて、一番近いアジアをいまほんとにないがしろにしてるのよね。だから、文化の面でつながっていくというのは、すごくおもしろい考えね。それが「多文化民俗学」とおっしゃっている、そういうことなんですね。

ただ、ふつうに比較するというと、これも外在的になっちゃうんです。これとこれは似てる、これとこれは違う。そうじゃなくて、結び目を作っていくという、もやいなおしですよ。壮大なもやいなおしだわ。これはおもしろいわ。

「一国民俗学」に賭けられたもの

赤坂　ですから、そういう新しい、国境を越えたもやいを作りなおすという、そういうイメージというか、主題を抱えこむと、柳田がやろうとしたことが別の顔をもって見えてくる。柳田の中にもまた、ある意味では、いくつもの日本という多様性に向けてもやいを作ろうとする志向はあったように思うんです。いまだ柳田の時代は、近代の国民国家としての日本が立ち上がっていく過渡の時代でした。われわれにとってはすでに、日本国家、日本人、日本文化といったものが自明に存在するかのように感じられていますが、たぶん柳田の時代には自明ではなかったのだと思います。柳田はそれを試行錯誤の中で作ろうとしていたんだと思うんです。そういう意味では、柳田について、あれは一国民俗学をつくった人だというふうに批判しても、柳田の深いところには届かないと思います。柳田はまさに、民俗を素材として「ひとつの日本」を受肉させようと、生涯をかけて格闘したのですから。

鶴見　生涯をかけてね。まず自分の足元を見ようと思って一国民俗学をつくろう、そのうちにそれぞれの国でやってくれる人があったら、そういう人たちと話しあって結び目を作ろう、そういう考えだったんです。自分の足元を掘ろうと思って、まず日本の中に一国民俗学を立ち上げようとしたんです。だから自分の研究は日本の中に閉じこめて、ここを一所懸命やるんです。ほかの国の人はそこを一所懸命やってください。いずれお互いに結びあいましょう。そういう考えだったのね。だから時間が足りないといって死んだんです。その志を、私はもっとすなおに受け取ったほうがいいと思うの。外在批判ばっかり、いま非常に強いでしょう。だからそうじゃないと思うのよ。

赤坂　ですから、この時代の思想のあり方として、ぼくはきわめて必然だったと思います。われわれが柳田にたいして、一国に閉じているじゃないかという批判をしても、むしろ柳田はあの時代の制約の中で全力を尽くしたんだと思います。

鶴見　そうよ、自分の一生でできるかできないかわからないほど、大きい問題だったの、一国民俗学だけで。それで、彼は一所懸命勉強したのよ。中国のこともヨーロッパのそれぞれの国のことも、ちゃんと勉強はしてたのよ。

赤坂　ですからきっと、五十年、百年後には、ぼくが東アジア内海世界なんて唐突に言い出していることも、時代の中のひとつの動きとして批判されるのかもしれません。けれども、それは当たり前のことであって、それぞれの時代の一番の切実なテーマを、それぞれに力を尽くして追究することしかできないのです。

鶴見　ほんとはね、費孝通（中国の社会学者・人類学者）が去年死んだでしょう、残念だなと思うの。でも、あの人は百歳に近いところまで、最後まで仕事をしたんです。だから、こういう赤坂さんのような仕事と、費孝通の仕事、費孝通は少数民族の研究もずっとやるの。文革の時代、社会学とか人類学、全部だめだった。だから少数民族の研究をやってたの、少数民族研究所で謝冰心といっしょに。だからそういうのといっしょに話し合ってみるとおもしろかったと思うのよ。それでどうやって町ができたか。それは市《いち》が町になったのだという話が書いてある。それを日本の柳田の、三日市とか四日市とかというのが定住して町になったという話と結びつけて、私、考えたことがあるんです。そういう小さいいろんなことがあるのよ。それは柳田国男の民俗学研究所で最初に話したことから思いたって書いたんです。

だから、赤坂さんのお仕事は、これからすごい広がりをもっていて、いまの時期にすごく大事なことなのよ。私、この「いくつもの日本」と「いくつものアジア」というのを見て、ハッとしたわ。これはおもしろい。だからこれは中国の学者といっしょにやるとおもしろいわね。

赤坂　はい、いずれ中国にも関わりたいといっているんですが、ぼく一人の手には余ることでもあり、ぼく自身がほとんど海外に出たことがないので、どういうふうにつくっていったらいいのか、ほんとはわからないんです。

たったひとりの知り合いから

赤坂　こういう形で東北学と内発的発展論の関わりというテーマで話す機会がなければ、自分でもこういうまとめ方はできなかったと思うんですけれども、やっぱり、「さらば、芭蕉」と呟いた時から、ぼくはすでに内発的発展論とともにいたんだと思います。その呼びかけというのが少しずつ浸透してきたのかもしれません。

鶴見　それは地元の新聞にお書きになったの。

赤坂　はい、地元の新聞に書きました。もうずいぶん昔の、東北に身を移した年の秋でしたね。だから東北学は東北に限られたことではなくて、ひとつの地域学のモデルにすぎないとも感じています。

鶴見　そうね、みんながそれをやりはじめれば、今度はいくつもの日本の内発的発展論がでてくるわけよ。

赤坂　それを漠然と思い描いてきましたね。とにかく日本中にぼこぼこ地域学がでてきて、みんな元気になっていくのがいい。

鶴見　そして下から発展して、何も小泉に改革してもらう必要はないのよ。

赤坂　きょうは語ることができませんでしたけれども、東北の中でも内発的発展論を実践しているグループとか地域というのは確実にあります。いろいろな形でそれはでてきています。

鶴見　うれしいわね、もう死ぬ前だからね。これは私が頭で考えただけなんで、これをこんな形で実践してでてきてるというのは、すごくうれしいわよ。実践がともなわなければ、社会科学の理論なんてどうしようもないものなのよ。私の習った理論というのは、上からおっかぶせる理論だから。

赤坂　『東北学』創刊号の対談でもちょっとお話ししたんですけれども、東京のある研究所のメンバーがぼくのところに、もう十数年前ですけれども訪ねてきて、仙台かどこかの行政に東北の町づくりの調査を依頼されたという。ところが、自分たちは東北については何も知らないんで、情報をぼくに求めてきたんです。教えてくれというわけです。それで自己紹介をしているうちに、自分たちは内発的発展論を理論的な支えにして調査をしていますっていうんです。それで東北のことを何も知らないといい、ぼくに教えてくれという。ぼくは十五分で腹が立って追い返そうと思ったんですが、せっかくだからといろいろ教えてあげました。やっぱり後ろめたかったんじゃないですか。報告書は送られてきませんでした。その程度ですよ。

鶴見　それはうまくいかなかったんだ。いや、理論を教えてくれって理論をやっても何も出てこない。

赤坂　彼らにとっては理論の応用篇として、東北のある市からの依頼の仕事を引き受けたわけですね。でも、すなおな人たちですよ、謙虚に東北のことを何も知らないから教えてくれっていうわけですから（笑）。

鶴見　いや、東北のことを何もわからないから、私がこれからやりますっていえばいいのよ。だって、地元の人に話を聞くより以外に何もないわよ。地元の人だって意識的に発掘していかなければわかってないのよ。だからそれが教育なんだ。だから赤坂さんはすばらしい教育者、導師なのよ。だから一遍上人みたいな（笑）、こうやって踊ればいいんだよって踊ってみせるの。

赤坂　たしかにそうかもしれないですね、この東北学なんていうのは。導師なんて者ではありませんが、人をワクワクさせることは少しだけ得意かもしれません。

鶴見　だから赤坂上人ね（笑）。上人になるにはちょっと年が若すぎる。私はなにしろ曼荼羅で頭がいっぱいなのよ。曼荼羅で考える以外にぬけ道がないのよ。自分とちがうものは殺しちゃう。こんな簡単な論理ってないでしょう。ばかだって、みんなそのくらいのことはやる。だからいまやってることはみんなそうよ。気にいらないから殺し、むしゃくしゃしたからだれでもいいから殺す。それとは全然反対なのが曼荼羅なのよ。だけど、そういう人も引き入れてやっていかなきゃならないところに、曼荼羅のおもしろさがあるの。あんたは私と考えが違うから向こうへ行けといったら、その人は永遠にだめで、人を殺していくわよ。だからそこがおもしろい。なんか理屈ぬきに引きつける力がないと、導師になれないのよ。

だから、赤坂さんはそういう魅力があるのよ。だって、こんな十数年のあいだって短いのよ。そのあいだにこれだけの、異なる地域の住民の組織を、組織というと嫌いかもしれないけれど、組織というのが嫌だったらネットワークとか、和製英語があるけれど、私そういうのも嫌い。網の目をつくっちゃったの。そして、もやいの導師になったの。もやいの網の目の導師よ。

赤坂　たしかに十四年前に東北に軸足を移したんですけれども、その時、東北に知人はひとりしかいなかったんです。

鶴見　あら、父祖の地でも。
赤坂　父祖の地でも、ぼくは別に田舎との交渉はありませんでしたし、山形にたったひとり、舞踏家の森繁哉という男がいて、彼しかぼくは山形に、東北に知り合いがいませんでした。
鶴見　それでいまは何人と数えられないでしょう。
赤坂　数えられないですね。でも、そんなふうに考えたことなかったです。
鶴見　有名無名でワーッといるんだから。そしてあなたが、さあ、踊るぞといったらみんなが踊り場に集まってくるのね。
赤坂　これなんか、五つの地域誌なんか、まさにそうでしたね。実際に宮城の近くの温泉に集まれって呼びかけたんです。そうしたら二十人ぐらい集まってきて、それでこんなもの作ってみたいんだけど、どうかなって言ったら、もうみんなわくわくして、それおもしろそう、おもしろそうっていって、ワーッて動きだして、一年後に五つが創刊してしまったんですね。
鶴見　だけど、田舎っていうのはエネルギーがあるね。
赤坂　ありますね、まだ。
鶴見　都会の人はエネルギーがないね。やっぱり会社人間でストレスばっかり。
赤坂　『東北学』を作って売れちゃったでしょう。そうしたらみんな、うれしくてうれしくて、おもしろくておもしろくて……。
鶴見　うれしいね、自分たちが言ったこと、書いたことを読んでくれるんだからね、みんなお金だして。

赤坂　ここまで売れるとは思わなかったんです。売れちゃいましたね。だからきっと二号、三号とつながっていくと思いますね。

鶴見　だけど、はじめから出して売れるとは思わないでしょう。

赤坂　まったく思わないですよ。だって、同じように聞き書きを方法としてつくっていた『別冊東北学』は、内容には自信がありましたが、数百部しか売れていなかったのです。

鶴見　じゃあ、もっともっと送ってくださいって本屋からいわれるのね。

赤坂　大変でした。これはじつは友の会の予算があったので、立ち上げるのに、それぞれにたいして友の会から助成金を出したんです。とにかく創刊号の立ち上げはそれでやってくれということで、みんな集まってやって、二号以降どうしようかなと思っていたんですけれども、ある程度は売れたので、それを次の号の資金にしてもらうことにしています。もう自立だねって。自力での出版に二号から移れそうです。

鶴見　いやあ、すごいね。

赤坂　おもしろかったですね、この売れ方は。

鶴見　愉快ね、だからいま活字離れというけれど、地方ではむしろ活字に飢えているのかもしれないね。

赤坂　そうですね、それはとてもよくわかるんです。すべての情報は東京中心なんです。自分たちの地元のことを知ろうと思っても、東京経由の情報しかない。地域の人たちが身の丈で、ほんとに必要としているものさえ提供できれば、きちんと買ってくれる人がいるということです。

「東北学」の図書館をつくる

赤坂　その延長でいきますと、東北文化研究センターをつくって間もなく、ある時、建物を造るかといわれたんです。土地はあるわけです。何億円かかけて建物を造るかといわれたんです。ぼくは建物なんか欲しくもないんで、それで即座にそんなものは欲しくないとこたえたんです。それで、ふっと思って、でも本が欲しいと呟いたんです。本が買いたい。そうしたらいくらいるかというから、一億円欲しいとでたらめにこたえました。そうしたら理事長がわかってくれて、一億数千万の予算がついて図書館をつくることができました。なぜ、そんな図書館が欲しかったかというと、たとえば山形県立図書館に行くと、山形の本や資料は確かにあるんです。でも、宮城や岩手や青森のことはまったくわからない。東北がないんです。東北について知りたくても、調べるためのまとまった資料がどこにもない。だから、東北一円をエリアにした図書館をつくりたいと思っていたんです。それでつくっちゃったんです。二年間かけて、それも田村書房という、店ももってないような、でも、送られてくる目録でその人が本の目利きだというのを知っていたので、その人に二年間かけて集めてもらったんです。

鶴見　だから要求があるのよ。

赤坂　そうです。それで、二万数千冊の本を集めました。すごい図書館だといわれています。特別な本があるわけじゃない。実は、その程度の本ならばどこの国立大学にだってあるんです。でも、たいてい権威主義的に閉ざされていて、ここから先はしかるべき紹介状がなければ見せられませんという世界なんですね。隠微なやり方で知の独占的な囲い込みが行なわれているんです、国立大学を中心にして。県立図書館はタコツボになっている。それをとにかくぶち壊したいと思って、とにかく二万数千冊の図書館をつくっちゃったんです。それは東北関係と、歴史・考古・民俗の本から基本的なものを集めました。アイヌと沖縄も一通りそろえました。だから沖縄の友人が来て、書庫を覗いて、とんでもない図書館だなってびっくりしてましたし、アイヌ関係も基本的な資料はそろっています。

それでぼくがうれしいのは、全国の市町村の図書館からのリクエストがすごく多いんです。お宅にしかないから貸してくれっていうのが多いんです。だから、ぼくは開かれた図書館をつくりたいと思ったけれども、なかなか人は来てくれないんですが、いまはネット社会ですから、うちにしかない本がたくさんあるということで、検索のうえでリクエストがあるわけです。それでいろんなところに貸し出されていますけれども、ざまみろと思います。あれはひそかな自慢です。

鶴見　ほんとに地域に貢献していらっしゃるのよ。

――すばらしい。いや、建物だけ立派であっても……。

鶴見　それだからいろいろ事業家でもあるのよ。

赤坂　でも、東北学によってぼくはおそらくよけいなお金はまったくもらってないと思います。自分のためにはたぶん一銭も使ってない。

鶴見　だから無報酬でそれだけの仕事してるのよ。

赤坂　ぼくはその図書館を使っているひまがないんですが、学生たちはそれでほとんど間に合うぐらい、基本的なものはそろってます。

柳田国男、南方熊楠という師匠

鶴見　ほんとね、やっぱり東北から偉い人が出るのよ。だから辺境から風が吹いて、パラダイム転換するのよ。

赤坂　でも、やってることはどれもこれも、ほんとにささやかなことですよ。

鶴見　こんなことをしてる人がいまあるということ、考えられないね。

赤坂　そんなことは誰も気づかないでいいんですね。でも、あの図書館だけでも、ぼくはやってよかったなと思いますね。理解してくれる人が、たとえば理事長がいたことに感謝しています。

鶴見　それで、奥様は赤坂さんのしてらっしゃる仕事を全面的に支援してらっしゃるの？

赤坂　まちがいなく誰よりも理解してくれていると思います。

鶴見　いいね。大変よ、家族の理解がなければ仕事できないもの。豊かになったら叩かれる。貧しいことの得なところ、貧しいことの利益というものはあるのよ。だから、私の父が大きな家を造って、そこへ住んでたときはすごく不安だった。いつ泥棒が入るかとか。だけどいま、私の部屋というのはまるで物置小屋みたいなの。私、高いところに立ち上がってものを取ることができないの。いつでもここへ座ってる。だから全部床にものをおくから、ちょうど物置小屋ぐらいで、車椅子で走るスペースもないぐらい。だからすごく安心よ。こんなところへ入ってきても何もとるものがない。本しかないのよ。本と紙くず。

赤坂　ぼくも本しかありませんね。それにしても、ぼくはもう柳田とのつきあいは終わりかなと思っていたんですけれども、なかなか終わらない。やっぱりすごい人なんですね。

鶴見　柳田というのはすごいと思うのよ。

赤坂　日本文化について何か考えようとするときに、必ず柳田がすでに何か語っている、それが大切なヒントになる……。

鶴見　だって、柳田は自分の言葉で思想を述べたの。いままでの学者は、現在の学者はとくにそうだけれど、自分の言葉をもたない。外国の翻訳で自分の考えかなんか知らないけれど、書いてるだけで、結局、解説してるのよ。柳田は自分の言葉で語ったのよ。はじめての学者よ。それがすごく大事だと思うの。柳田をおいて、あんな学者いないわよ。それで私はすごく尊敬する。

赤坂　ぼくは何か考えるときに、いつでも柳田国男に戻って考えてますね。柳田国男という人には会ったこともないですけれど、ぼくの師匠なのかもしれないですね。

鶴見　私は南方熊楠がいまの私の師匠。曼荼羅という思想は古代思想だからすごいのよ。それがいままで生き延びているということはね。

――本日はどうもありがとうございました。

（二〇〇六年四月二十九日　京都ゆうゆうの里）

〈幕間〉

柳田民俗学のかくし味

鶴見和子

柳田國男の家族あて絵葉書・書簡を校正刷りの段階で拝見して、今まで気づかなかったことに眼をひらかれた。私が特に興味をもったのは、「国外篇」である。「国外篇」の台湾・中国旅行（一九一七、大正六年）と滞欧期（一九二二〜一九二四、大正十一〜十三年）との間には、重要な変化がある。柳田は一九一九年十二月二十三日には、貴族院書記官長を辞任し、民俗学の創成へ向かうという人生の一大転機に立った。辞任の理由は、柳田が国内外の旅行が多いことから、職務に不熱心として、貴族院議長徳川家達の不興を買ったため、柳田自らが辞表を提出したのである。一九二〇年七月七日、三年間は国内外の旅行が許されることを条件に、朝日新聞客員となることを承諾する。

同年二月二十三日、沖縄よりの帰路、熊本で、外務省より国際連盟委任統治委員就任を要請する電報を受けとり、二十四日、受諾の電報を外務省に打つ。

一九二〇年五月八日、アメリカ経由でジュネーヴへ向けて出発する。

中国への旅と、ヨーロッパ滞在期との間には、柳田が官から民に軸足を移し、関心の対象を行政・政治から学問に移した人生の一大転機が訪れたのである。特に滞欧期は、民俗学という新しい学問を打ち立てるためにどのように慎重な準備をしたか、そしてそのことが柳田民俗学をどのように特徴づけたかを知るために重要な意味をもつ。滞欧期の書簡で気づいた点を次にあげる。

第一に、中国の旅では北京で大総統黎元洪に謁見し、議会を訪問して議長と会見する等、至るところで政府高官および政治家と会見している。ところがヨーロッパ滞在中は、訪問先ががらりと変わるのである。

ニューヨークからの六月四日付孝夫人あての絵葉書は、私にはなつかしいプリンストン大学のファイアストン図書館である。短いニューヨーク滞在で、これが最初のそして唯一の訪問先であった。そしてジュネーヴ到着以後、委任統治委員会の休会時を利用してのヨーロッパ諸国の旅行でも、至るところで、大学、教会、美術館、博物館などを歴訪している。

第二は、行く先々の書店、古書店、博物館、美術館で、大量の本を買いもとめて、日本に送っている。マルセーユからの孝夫人あて書簡では、こんなにたくさん買い込んで、置くところがあるか、一生かかっても読みきれるかと心配している。

第三は、イタリアへは、北部と南部にあわせて二回旅行しているが、至るところで教会を訪れ、壁画、天井画を熱心に見たために首が痛くなったと書き送っている。教会で見入った聖像は柳田國男の心に焼きついて、比較宗教の準拠視点となったのではなかろうか。

第四は、ジュネーヴで最初の委任統治委員会の会議に出て、他の委員たちの「鼻の高いこと、フランス語の達者なことに驚いた」と孝夫人に語っている。さらに、会期の終わりに、ジュネーヴ在住の石井大使に、ことばが不自由だから委員を辞めたいと申し出て受け入れられなかったことが孝夫人あてに書かれている。柳田は至るところで大量の本を買い込んでいることからもわかるように、すくなくとも、英・独・仏・伊はよく読んでいたと思うが、しゃべりことばが大事だと痛感したに違いない。

そこで、ハンガリー人の青年にジュネーヴで会い、この人が日本に行くというので、孝夫人あてに、この青年は英語とフランス語が達者だから、東京の家を訪ねてきたら、お茶に招んで、子ども達に英語・フランス語を教えてもらうように頼んだらよいと書き送っている。子ども達を国際人として育てたいという柳田の願望がうかがわれて楽しい。

滞欧中の家族あて書簡から気づいたことを、次のようにまとめる。

柳田民俗学は、「一国民俗学」といわれている。私もそのように割りきった言い方をしていた。それは柳田が南方熊楠のように文章にいちいち註をつけて出典を明らかにすることをしないためでもあった。しかし、今考えてみると、柳田はたくさんの海外の文献を読み、また、実際にジュネーヴ滞在中にヨーロッパ諸国を歴訪して見聞を広め、それらの見聞と知見とを心の抽出しの中に蓄積して、常に日本の実地調査から得た知見と照合して日本の社会・文化の特徴づけをしていたのではなかったろうか。柳田民俗学のかくし味とは、柳田の心の中に隠し持たれたヨーロッパ体験の準拠枠である。

これはまったくの私の印象なのだが、この本を読まれる方々にも考えていただきたい仮説である。

（田中正明編『柳田國男の絵葉書——家族にあてた二七〇通』晶文社、二〇〇五年所収）

〈幕間〉

東北芸術工科大学東北文化研究センター

赤坂憲雄

勤める大学のなかに、東北文化研究センター（東文研）という小さな研究所を創ったのは、一九九九年の春のことだった。事務スタッフは嘱託が一人、場所は倉庫に使われていた小部屋である。蔵書は一冊もない。ゼロからの起ち上げといっていい。一、二年が過ぎて、あるとき、理事長から建物を造るか、と問われた。興味がなかった。だから、いりません、と答えた。もし、はい、と答えていれば、大学の裏手にでも、なにか立派な研究所専用の建物が立っていたのかもしれない。

次の瞬間、建物よりも本が欲しい、そう、わたしは口走っていた。いくら必要だ、と畳み掛けられて、でまかせに、一億円ほどあれば……と答えた。その会話から一年が経った頃であったか、大学図書館の二階に、東北文化研究センターの図書スペースができあがった。蔵書は二万数千冊、歴史・民俗・考古を中心として、東北一円から全国にわたる基本的な文献が収められた。

なぜ、建物よりも図書館が欲しかったのか。理由ははっきりしている。

ひとつは、わたし自身が難儀していたからである。どこの県立図書館にも、その県内の資料しか置かれていないから、東北全域をフィールドとした調査・研究のためには、資料を求めて車で駆け回るしかない。東北文化研究を掲げる以上は、すくなくとも東北六県の基礎文献は揃っていてほしい。これはたぶん、在野の研究者みなの願いであるにちがいない、と思った。

いまひとつは、国立大学の知的な独占状態を破りたい、ということである。東北大学を頂点とする国立大学群には、長い時間と膨大な予算を費やして、文献史料が蓄積され、図書館や研究所などに収められているはずだ。ところが、その情報公開はまるで進んでいない。外部から、とくに在野の研究者がそこにアクセスするためには、意外なほどに困難がつきまとう。やたら敷居が高いのである。それを知っているだけに、市民にたいして開かれた図書館が欲しいと感じてきた。

予算規模は一億円である。それで、どれほどの本が揃えられるのか、見当もつかなかったが、とにかく、わたしが白羽の矢を立てたのは、一人の古書店主だった。みごとな民俗学関係の販売目録が、年に一度送られてくる。そのマニヤックな書物への偏愛ぶりに、顔も知らず、惚れていた。埼玉の田村信夫さんである。編集者をしていたが、定年後に、民俗学関連の本を中心に扱う、目録販売の古書店を始めた、という。大袈裟にいえば、心中する覚悟で、田村さんにすべてを委ねたのである。田村さんは二年間という限られた時間のなかで、二万冊を越える本を集めてくれた。期待を裏切らぬ、すばらしい本選びだった。田村さんはそれから何年もせずに、病気で亡くなられた。ひそかに、本選びの過労で命を縮められたのではないかと、申し訳ない気がしている。

わたしたちの蔵書は、基本的にすべて一般に公開されている。東文研の東北文化友の会の会員には、情報を流しているが、実際に訪れて借りる人は、けっして多くはない。宝の持ち腐れなのかと不安を覚えていた。一年も経った頃か、図書館のスタッフから声をかけられた。東文研の蔵書にたいして、外部からのリクエストがとても多いんですよ、という。市町村の図書館を通じて、貸し出しのリクエストが寄せられる。うちの図書館にしかないのだ、という。いまは、そうした利用のされ方がむしろ一般的なのだろう。

それを聞いて、わたしは胸のなかで、狙いが的中したことに、歓喜の叫びを上げていた。ただし、念のためにいっておけば、東北文化研究センターの図書館には、基本的な文献がほぼ網羅されてはいるが、珍奇な本、高価な本などはとりたてて集められていない。それなのに、うちにしかない、とリクエストが寄せられる。おそらく、それほどに大学の図書館などが外部に向けて閉ざされている、ということではないか。国民の税金で集められた、膨大な数の本が、黴臭い図書館の奥処に死蔵されている姿を思うと、腹が立ってくる。そこに、いくらかなりと風穴を開けることができたのかもしれない。

ちなみに、東北文化研究センターでは二万数千枚の絵葉書を収集してきたが、それもまたホームページ上で公開している。検索機能付きであり、近・現代史を研究するためのビジュアル資料として、観光チラシの材料として、少しずつ活用されはじめている。わずかな予算のもとでは、おのずと限界はあるが、これもまた、芸術・デザイン系の大学としての社会的な使命のひとつではないか、と思う。

建物の代わりに、わたしは二万数千冊の蔵書と、二万数千枚の絵葉書を選んだ。その選択は誤りではなかった、と安堵するように思う。

(別冊『環』⑮「図書館・アーカイブズとは何か」藤原書店、二〇〇八年所収)

第II部　柳田国男から東北学へ

柳田・民俗学・東北

赤坂憲雄
鶴見和子

〈講演〉柳田国男と東北……赤坂憲雄

『雪国の春』の東北イメージ

赤坂です。前置きは一切省略させていただきます。二五分間、二時までです。

ここでは、日本の民俗学という学問をつくった柳田国男、その柳田が語った東北というものについて語ってみたいと思います。

柳田の昭和三(一九二八)年の著作ですが、『雪国の春』と題された本があります。この本はエッセイとかいくつかの紀行文とかを組み合わせて作られた本ですが、柳田はここで東北論を展開しています。その東北論というのが、どういう方位を持ったものなのかということ、それが現在の東北にとって、いかなる意味を持つのかというようなことを、まずお話しさせていただきます。

『雪国の春』という本の中に、同名の「雪国の春」という論文があります。その中で柳田はいろんなことを語っていますが、正月にはさまざまな行事や儀礼が行なわれるわけですが、その正月行事というのが日本列島の南と北でとても似ている、共通するものがたくさん見られる。そこから柳田は、ある見取り図を描くんです。つまり、日本列島に暮らしている、沖縄から東北までさまざまな人々が暮らしているわけですが、その人たちの信仰世界とか習俗とか、つまりその人たちの民俗的なるものの基底に横たわるものがこれはどうも共通なんじゃないか、そういうイメージを柳田はそこから引き出すんですね。それが、やがて柳田のいわゆる民俗学というものの思想的な根拠を成していく、というふうにぼくは考えています。

そこで柳田が、その「雪国の春」という論文の中で何を語っているか。一つとても強烈なイメージがあるんですけれども、それは、軒まで届くほどに深い雪の中で稲を作り、稲の信仰に生きる人々がいる、その姿を柳田は描いたわけです。柳田にとっての雪国というのは、東北とほとんど同じ意味です。その稲を作り稲の信仰に生きるということが、日本とか日本人さらには日本文化の根源に横たわるものだ、というのが柳田の理解だったんですね。それで東北について何を語ったかというと、「中世のなつかしい移民史」という言葉が出てきます。中世に南から稲を携えた人々が北へ北へと移住を繰り返した、その移民の歴史が東北の歴史なんだ、そしてその稲を作る人々こそが日本人であり、稲を作らない人々は先住の異族、「えみし」とか「えぞ」とか呼ばれた人たちである、という構図が沈められているんです。そして、柳田はその論文の最後のほうで東北に生きる人々に対して、「北日本の兄弟たちよ」というふうに呼びかけるわけです。

この『雪国の春』という本がどういうふうに当時の東北の人々に読まれたか。もちろん、統計とかそういうものがあるわけじゃないので、はっきりわかりませんが、『柳田国男随行記』（今野円助著）という本の中でぼくは見たことがあるんですけれども、岩手の方の女子校の先生である、ある女性が「『雪国の春』を読んで、とても救われました」と言っていたということを柳田自身が語っているんですね。つまり、この『雪国の春』で示された東北論、つまり稲を作る東北というイメージは、柳田にとって東北をいかに救済することができるか、そういう志向をもとにつくられた本であるし、当時の東北の少なくとも一部の人々は、それを東北に対する東北に生きる人々に対する、ある深い慰めとして、さらには救いの書として受け取ったということは、どうも確実らしい。

下北半島の稲作

そして、そういうふうに示された柳田の『雪国の春』の東北イメージ、東北像に対して、ぼくはある時期からどうもこれは違うんじゃないか、という違和感を持ち始めたんですね。

その違和感を持ち始めたいろいろなきっかけがあるんですけれども、一つは『雪国の春』という本の中に、「真澄遊覧記を読む」というエッセイが含まれています。それは、近世の半ばに東北から北海道からいろんな所を歩き回って旅をして、そこの習俗とか伝承とかさまざまなことを書き留めた菅江真澄という旅行家がいるんです。この人は、もちろん民俗学なんてできていない時代のことですけれども、おそらく民俗学の隠された先駆者なんです。その人の書いた日記が数十冊ありまして、それがちょうど大正から昭和のはじめにかけて、秋田県とかいろいろな地域で発見されて、それを柳田は一つ一つ活字にして出版していくんですね。その「真澄遊覧記を読む」という論文の中には、下北半島の話が出てくるんです。下北半島のある正月に立ち会った菅江真澄がそこで描き出したさまざまな習俗の中から、柳田は稲作の色合いを持った習俗、祭り、儀礼といったものを引き出して、下北半島という軒まで届くほどに雪深い土地に、稲を作り稲の信仰に生きる人々が暮らしているということに深い感動を覚えるんですね。そして、これが日本人、日本文化の根源に横たわる稲のある風景であるというふうに語った。

ところが、ぼくは下北半島のむつ市の周辺を、ある時、この『雪国の春』という本を抱えて訪ねました。その訪ねた時は、たまたま青森の津軽から下北半島に車で移動したんですね。下北半島に初めて入ったときに、ぼくが感じた一つの印象があります。それは、下北半島というその土地が、何て荒涼とした淋しい風景なんだろうと感じたんです。わけもなく淋しいんですね。暮らしている人たちには申し訳ないんですけれども、旅人の印象として、そういう非常に荒涼とした淋しい風景だという印象を持ったんですね。ぼくはその原因がわからなかったんですけれども、後にある研究者と話をしていて、その話をしましたら、それは下北半島に津軽のような水田地帯が広がっていないからですよと指摘されたんです。それでとてもびっくりしましたけれども、たしかに津軽というのは、津軽平野一面に水田が広がっているんですね。その水田を見ているとき、ぼくも含めてたぶん多くの人たちは、青々とした水田が広がっている風景を見て、懐かしさとか、ある種の安堵を覚えるんだと思うんですね、安らぎを。ところが、下北半島に足を踏み入れた途端、その水田というのがほとんど見当たらないんです。稲作中心的なものの見方に対して批判的でありながら、なおかつステレオタイプ化した印象を持つということに、自分で非常に驚きを覚えた体験があります。

そこでむつ市の方に行っていろいろ歩き回りました。たしかに田んぼはあるんですね。山間の小さな小川に沿ってくねるように小さな田んぼがあったりとか、そういう風景をたくさん見ました。土地の人に聞いてみると、田んぼは作っていたけれど、最近は減反政策に追われて手放される田んぼがとても多くなりました、という話をしてくれたわけです。そこでぼくは、むつ市内で本屋さんに寄って、たまたま『むつ市史』の民俗編を手に入れたんですね。開いて読んでいくと、これはびっくりしたんですけれど、そのむつ市周辺、下北半島の稲作というのは、現在まで数えればもう少し長いですが、柳田の生きた、少なくとも『雪国の春』を書いた時代まではせいぜい十年、二十年、三十年しか経っていなかったわけです。つまり、これは北海道に入植した人々がそこを水田として開発していく。水田がうまく作れたときに初めて、その技術が東北の方に逆輸入されて、下北半島でそれまで稲を作らなかった人々が稲作への転換を始めたんですね。稲作への転換というのが、『むつ市史』によれば、明治三十年代から大正末年あたりである。つまり、柳田が下北半島の軒まで届くほどに深い雪の中で稲を作り稲の信仰に生きる人々がいると感動したその土地では、たかだか近代の明治の後半から稲作が始まっていたという事実に出会ったわけです。

雑穀とバッタリの村にて

どうもこいつはいかがわしいぞというふうに思い始めて、そういう目で東北を歩きながらいろいろ調べていくと、かつて稲を作らなかった土地というのが、たくさんあるんですね。山間部を中心に、さらには太平洋側の岩手とか南部・下北、そちらの地方では、稗とか粟とかキビとかいういわゆる雑穀を主体とした農耕がずっと営まれていて、稲作はしていないんですね。もっとも、近世になって新田開発というのがどんどん進められて、気候条件の良いところでは稲作が始まってるんですが、少なくとも生活の根幹を支えているのは、稲作ではなくて雑穀主体の農耕であり、狩猟や採集なんですね。

ぼくはそこである小さな村に生きる人に出会ったんです。それは岩手県の山形村という人口が四千人ほどの村なんですが、その村では離村とか過疎化がどんどん進んでいまして、戦後間もなくの頃は七千人くらいあった人口が四千人ほどに減ってしまっているんです。この村では二十年から二十数年前に稲作への転換が始まっています。ところが、ぼくが訪ねた木藤古という、たった戸数五戸の集落では、稲作に転換を図ったんですが結局出来なくて、今でも稗とか粟とかキビといった畑作を主体にして、日本短角牛という肉牛を飼ったり、あるいは背後が森ですから、森の幸、きのことか山菜とかの恵みを受けながら、さらにはブナの森の間伐材を拾って炭焼きをして、という生活がずっと営まれてきたんですね。木藤古という集落でぼくが出会った一人の人がいるんですけれども、木藤古徳一郎さんという方です。その方は以前農協にずっと勤めておられまして、そこで若い木藤古さんが何をやったかといいますと、どんどん過疎化が進んでいく、若者たちが村を離れていく、それをどうしたら食い止めることができるか。これは村を近代化するしかない、山村の近代化を図るしかないということで、木藤古さんは率先して、囲炉裏は古いからとっぱらえ、炭焼きなんてもう時代の産業じゃないという形で、山村の近代化をどんどん進めたわけです。

ところが十五、六年前のある時、ふっと疑問をもったんですね。いくら自分たちの村を近代的な生活につくりかえようと力を尽して頑張ってみても、村がどんどん寂れていくことを防ぎ止めることは出来ない。自分がやってきたことは一体正しいのか。つまり山村を都会のような暮らしにつくり換える近代化ということが、はたして正しいのかどうか。そこで、木藤古さんは、町場から自分の父親と母親が住んでいる木藤古という戸数五戸の集落に戻るんですね。定年の前に戻ってしまう。そこで「バッタリ」という、これは水車の原型のようなもので、「鹿威《ししおど》し」のようになっていて、山から落ちてくる沢水を受けて、それが溜まるとガタンとなって、キビとか粟を搗くという水車があるんですけれども、それを自分たちの集落のシンボルとして「バッタリー村」を起こしたわけです。それから、廃屋になった家を借りて、そこを集会所として、そこに「バッタリ」を自分のお父さんに再現してもらって作る。さらには、炭焼きの窯をいくつも作ったりして、自分たちの祖先がずっと暮らしてきた山の暮らしの見直しを始めるんですね。それがはたしてどういう未来を持つのかということはわかりませんが、ぼくにとっては、木藤古さんとの出会いというのは、とても刺激的であり新鮮なものでした。そういう稲を作らない村、稗とか粟とかキビを畑に栽培して、炭を焼き、森の幸や川の幸を恵みとして受け取りながら暮らしている人たちの暮らし、実はぼくは、それがかつて東北で営まれていたごく普通の生活だったと思うんですね。それが稲によって追われていくことによってどんどん見えなくなってきたのが、東北の近代だろうと思っているんです。

よく言われることですが、縄文時代、たとえば今年になってから青森県の三内丸山遺跡が発掘されて、現在から五千年も昔に、ものすごい大集落が津軽の海岸沿いの土地にあったということが発見されたわけです。その発掘調査はこれからまだ五年、十年と続くはずですけれども、一つだけはっきりしているのは、あの三内丸山遺跡が教えてくれるのは、ぼくらがこれまで教科書とかいろいろな所で教えられてきた縄文時代、さらには縄文の東北のイメージといったものが、実はとても片寄ったものだったということ。つまり、近世そして近代以降に固定した常識があって、東北というのは遅れた未開のみちのくの地だという意識、先入観がものすごく強くありますから、古代、原始に遡った縄文時代に営まれていた暮らしというのは、原始人のような暮らしであったろうという勝手な思い込みがあったわけですが、どうもそれは違う。むしろ、東北というのは、縄文時代のある時期には明らかに日本列島の文化的な先進地域であったということが、いろんな人によって語られるようになったわけです。ぼくは、その先進地域であった、縄文の東北で営まれていた生活が、疑いもなく、先ほどぼくがお話しした岩手県山形村の木藤古で営まれている生活に繋がっていると思っているんですね。

稲作中心史観を超えるために

雪国が後進地域となっていったのは、そんなに古いことではないんです。縄文の昔の話をすると遠すぎますけれども、近代化の過程で、どうも雪国は後進地域であるというイメージが固められてきたような気がするんですね。雪国で暮らす人たちが、本当に自分たちの生活を不便と思っていたか。実は東北の縄文文化を支えたのは、ブナの森と冬季に降る深い雪なんですね。つまり、雪国の暮らしというのが、縄文以来の伝統的な生活にとっては、マイナスではなくてむしろ豊かな恵みを与えてくれるプラスのものだったはずなのに、それがいつの間にかマイナスにひっくり返っていく。それはいくつかの歴史の節目があると思いますが、古代に「えみし」とか「えぞ」とか呼ばれた東北の人々が、南から遡ってきた稲の文化、さらには稲を携えた天皇制という名の王権によって追われて、さらには歴史家が五百年戦争と呼ぶところの長い抵抗の歴史を経て負けてしまう。その時に東北というのが、固有の文化をもった土地としてではなくて、遅れた土地として位置づけられてゆく歴史が始まるんだと思うんですね。

奥州藤原氏は、歴史家によれば、稗の王権だったと言われます。つまり、南からやって来た天皇をいただく王権が稲の王権だったとすると、奥州藤原氏という東北を拠点にした王権は、稗という穀物を基盤にした王権だった。歴史の構図としては、稗の王権が稲の王権に敗れるという構図だと思いますが、稗という、漢字においてさえ卑しいと蔑まれた穀物を食べて生きている人たちの歴史が、おそらく古代末期から中世に始まると思うんですね。

もう一つ大きな転換点になったのは、近代の始まり。戊辰戦争によって、奥州地域が新しい明治維新政府に抵抗する側に立って戦争が行なわれ、負けて、そこで東北はどういうふうにイメージ転換を図るかというと、さまざまな土地で稲作への転換が始まるんですね。つまり、稲作への転換、稲を作る土地になること、稲を作る農民になることが、日本人になり日本という国家の一部になることだという、非常にある意味では強迫的な動機があったのではないかという気がするんです。

ぼくは東北を眺める眼差しを含めて、日本列島の歴史そのものを稲作の渡来から始める、つまり弥生的な伝統から始めることの限界というものを、どうしても語らざるをえないんですね。つまり、稲をもって歴史を語るということは西日本の眼で東北の文化を語る、日本列島の文化を語るということだと思いますが、そのまさに典型が柳田の民俗学だったと思うわけです。

ぼくは、東北を歩きながら稲を作らぬ人々、作らぬ農民たちに出会って、さらには稲を作らない東北というのが、ついこの間までごく普通の風景として転がっていたということを見るにつけても、柳田の『雪国の春』、さらには稲作中心的なものの見方を超えてゆく必要があると感じます。さらにその向こうには、柳田が『雪国の春』の前後にちょうど捨てた、日本列島の先住の異族としての山人の問題があります。その山人たちが稲を携えた人々によって追い上げられ、あるいは征服されて消えていった歴史をたどり続けた柳田が、それを大正の末年に捨てるんですね。その捨てた数年後には、柳田がそれ以前には日本文化とアイヌ文化の連続ということを常に考え続けてきた、その自分自身の歴史に終止符を打って、日本文化とアイヌ文化とは、まったく繋がりがない、断絶しているというふうに転換していく、それが昭和三、四年から五、六年の時期なんです。ちょうど『雪国の春』の時期に重なるんですね。つまり、『雪国の春』の中で、柳田は日本列島の南から北まで、東北まで、稲を作る人々のいる風景というものを掘り起こして、そこに日本とか日本人、日本文化といったものの根っこに横たわる核を見出したその時に、同時に、そのさらに北のほうにはアイヌの人たちがいたわけですが、アイヌの人たちと自分たちの日本文化との繋がりは一切ないという方向へと劇的に転換していく。そこからさまざまな民俗学の体系化の動きが始まるんですけれども、そうした柳田の語った東北というのが、東北を救済する、そういう志向を持っていたことは確実だと思うんですが、どうもその柳田的な東北救済の手立てというのは、ぼくは現在では駄目なんじゃないかと感じています。

ちょうど時間になりましたので、この残りは対談の中で展開させていただきます。

〈講演〉『遠野物語』を原点として東北モデルを考えよう…………鶴見和子

東北は「洗心」地域

これで三日目、山形アスペン・セミナーでうんと議論をして、午前中も時間が足りないくらいの沸騰した議論があって、「言うべきことはすべて言いつ」という感じです。今日は、他県からの方もいらっしゃるかもしれませんが、山形県の皆様方とこうしてお目にかかってお話しすることができて、大変うれしく思います。

私の母方の祖父（後藤新平）も水沢の生まれで、幾分か私も東北人の血が混じっていると思うんです。ところが、今度セミナーに来てみて、実に東北の人はよくしゃべるのね（笑）。前置きしないで単刀直入に話の中核に入る。そして限られた時間の中で、滔々と女も男も実によくしゃべって下さったんです。これはどういう伝統であろうかと考えたんです。これは囲炉裏端会議ではないか。皆さんがずっと冬籠りして囲炉裏端で話をしていた。その伝統がこういう一つの会議に持ち込まれているのではないかと、私は非常に感銘を受けました。というのは、様々な国際会議とか、国内でも様々な学者の会議とセミナーとかに出ますが、大体、肩が張ってきます。皆緊張して、隙あらば割って入ろうとしている。特に国際会議はそうです。学者の国際学術会議は、往々にして政争の場です。ポリティクスなんです。自分の言いたいことを言って人を圧倒する。大変なんです。だから段々肩が凝って疲れてくるんですが、今回は三日やってすごく和やか。先進国というのは、心を洗う国と書いて「洗心国」とした方がよろしいという、これはセミナーの中でヘンリー・ミトワさんがおっしゃったことですが、私もここは「洗心」地域だと思います。こういうふうに、一人の人が話をして、そしてそれを次の人に渡すあいだに、すごい間があるんです。間というのは、沈黙の間ではなくて、その人の話にゆっくり耳を傾けて聞いて、それからゆっくり考えて話をする。こういうのを公の会議でやるというのは、とっても難しいことなんです。この東北の方たちは、やはり世界的な規模で、この会議のやり方のお手本を作ってくださるということを大いに感じ、また東北についての新しい面を教えていただいたように思います。

これから申し上げたいことは、今申し上げたこととといくらか関係があります。というのは、なにしろ二五分間で言わなくてはならない。私は非常に早口なんです。本来、アメリカで教育を受けまして、もう隙あらば人に付け込んでものを言うというふうに、日常生活の中でもそうなんですよ。アメリカ人と一緒に食事をしますと、最初、私は何も言うことが出来なかったんです。パッパッパッと言うから入る余地がないんですよ。だからそれを私はすごく練習して、パッと入ってパッパッパッパッと言いたいことを言う練習をしたので、すごい早口なんです。しかし、私は今回学びまして、ああいうふうに早口で言っては駄目だ、ゆっくり人の話を聞いて、そのうえでゆっくり自分の話をすると改心しました（笑）。でも、でもですよ、なかなか改心というのは一回では出来ることではないのよ。二、三時間とか三日間で改心なんか出来ないの。自分の習慣の再形成を三日でしろといっても無理でしょう。ずっと長年の習慣形成だから。それで今日は二五分間のうち、既に五分しゃべった、あと二〇分しかない。だから言いたいことを早く言わなくてはならない。ところが、最後まで言えるかどうか分からない。だから結論から先に言います。そしてゆっくり少しずつ話して、後は対談に任せるというふうにします。結論は、「東北の発展モデルを創って下さい」です。

「近代化」神話に代わるもの

近代化というものはいいものだと言われてきたけれども、その神話は崩れかけていますね。高度工業化社会、いわゆる先進国がやってきたことが経済成長一点張りであったために、地球的規模の破壊が起こっている。そして、人類を含めて、進化の比較的高い段階に達した生物が生きにくい状況を我々が作り出している。それだけではなくて、これから生まれて来る人々、まだ生まれて来ない生命をも私たちは破壊しているのではないか。六〇年代から七〇年代、そして今は地球的規模で、そういう反省が行なわれています。

近代化はいいこともありました。このように電気が点いているところで、みんなが集うことが出来る。そして、寒いこの東北で暖かいところに座ることが出来る。みんな近代化のおかげですから、すべてが悪いとは言えません。しかし、行き過ぎは困るんですね。冷房で夏寒く、暖房で冬暑すぎるというのが、今の状態だと思います。これは困るんですね。

それでどうしたらもっと違うやり方で、地球上のすべての人間が、持って生まれた才能を十分に発揮出来るような条件を作り出していけるか。この近代化論がすべていけないのではない。私は近代化論をアメリカで学んで参りまして、学位をいただいて参りましたから、これを否定すると、私は食べられなくなっちゃうんです（笑）。これは私としては大変困りますので、すべて悪いと言っているのではないのですが、その悪いところを直していく。近代化に原因するところの、人間にとっての弊害を直していくような、そういう発展モデル、これを私は「内発的発展論」といって、それを理論化しようと今思っています。

内発的発展論というのは、それぞれの地域に基づくんです。国単位で考えるより地域単位で考える。皆様方が住んでいらっしゃる山形、この東北という地域から、人間らしい生活を私たちがするとしたら、どのような発展のモデルを創り出せるかということ、それを考えていただきたいというのが、今日の話の内容であります。

『遠野物語』が発展モデルの契機

そういう考え方の出発点になったのが柳田国男です。柳田国男の特に『遠野物語』です。岩手県遠野郷のお話です。『遠野物語』と、皆様がこれから創っていらっしゃる東北の発展モデルが、どんなふうに繋がっているのかということを、少しお話しさせていただきます。

まず、なぜ柳田国男が遠野に行き、『遠野物語』を書かなければならないと思ったのか。『遠野物語』が出版されたのが一九一〇年です。その前々年に日向に行っているんです。南の果ての日向の椎葉村に行って、そこで驚いたと言っているんです。蒸気機関車が通っているその時代に、原始、古代の狩人の風習がここで生きて残っている、それに驚いたんです。そして今度は遠野に来たんです。なぜかというと、これはいずれ近代によって前代の信仰、風習は殺されてしまうであろう、殺される前に記録に取っておこうと考えたからです。なぜこれに注目したかというと、柳田の頭にハインリッヒ・ハイネの『流刑の神々』があったんです。

中世期、ヨーロッパにキリスト教が入って来ました。その前にいたのはオドロオドロしい、ちょうど遠野に出てくるような神たちだったんです。ギリシャ、ローマ、もっと前のオドロオドロしい神々なんですよ。そういうものが人々の心の中にあった。人々はそうした神々を信仰していた。それをキリスト教が駄目だと言ったんです。神様は一人ですよと言った。ほかの神様はみんな駄目ですと言ったんです。それで、そうですかと言って、人々は従った。そうじゃないと殺されちゃいますから。神々と一緒に殺されたら大変ですから、ああ大丈夫ですよ、私はそれを信じますよと言っておいて、面従腹背ですね。実は信仰というものは簡単に殺されるものではないんですね。ずっと心の底に沈潜していったんです。そのことをハイネが書いたんです。これは中世ヨーロッパで起こったことです。

ところが、日本では長い間、原始、古代のカミガミが生き残っていた。そしてカミガミの追放が起こったのは明治近代です。明治近代の天皇制が確立された時に起こったんですね。ほかのは駄目ということが起こったんです。天皇は現人神で、祖先の神様は天照大神ですよと、ほかの神は駄目と言ったんですよ。それをイデオロギーとしてはっきり示したのが教育勅語です。それを神社の統廃合という形で行なったのが神社合祀令です。この二つが非常にだいじなことなんです。

柳田は、ハイネがやったように、椎葉に行って遠野に行って、人々の心の底にあるものを探しあてようとしたのです。そして『遠野物語』を書いたのです。これは何を意味するかということです。近代の中に原始、古代の心性あるいは信仰心が残っているということは遅れたものだから切り捨てなさい、早ければ早いほどいいですよというのが、近代化の勧めです。それが、明治政府の文明開化で取って来た態度です。それに対して柳田が考え、ハイネから教訓を得たのは、原始、古代の心性が生き残っていれば、これを近代化から生じる弊害を直していくために役立てることはできないか。これを追究するのが柳田の民俗学の非常に大事な目標であったと思います。

もう一つ、柳田は「発展段階説」を批判したことです。発展段階説とは、原始、古代、中世、日本では近世がありますね。それから近代と階段を登ってゆくように、発展していくもんだという主張です。古代が出てきた時は原始を切り捨てた。中世が出てきた時は古代が切り捨てられた。近代が出てきた時に前近代は全部切り捨てられるべきである。そういう主張に対して、柳田は「つらら型」ということを言いました。近代の社会に、原始、古代、中世、近世が、多いところは遠野なんかすごくたくさん下がっている。東京などは比較的少ない。でも私なんか原始、古代がいっぱい入っている人間なんです。いくらアメリカで教育を受けても駄目なんですよ。それで少ないところと、つららのような形でずっと下がっているところとが、おなじ社会の中に地域によって違いがある。そういう歴史観を柳田は持ったんです。私はこれはとても大事なことだと思っています。つららのように原始、古代が下がっているところは遅れているのではなくて、もしかしたら最も進んだところになるかもしれません。進んだ、遅れたというのは、何を中心にして言うかというと、人間の幸せ。人間が幸せになるためには、その他の生き物、その他の様々な自然と共に生きるのでなければ幸せにはなりません。人間だけ生きていても食物はなくなる。それがまず私が柳田から学んだ歴史観です。

「国家」単位から「地域」単位へ

それから地域ということです。近代というのは国家単位で考える。アメリカ、中国、朝鮮、ロシアとか、そのような単位で考えます。国家単位でものを考えないで、地域を単位に考える。ちょっとみみっちい話でしょう。みみっちい話ですが大きいんですよ。地域は地球に繋がるんです。国家は世界に繋がるんです。世界より地球の方が大きい、と私は思います。というのは、世界の基礎を成しているのは地球なんです。国家というのは十七世紀のネイション・ステイツという国民国家というものから発展してきたんです。地域が人間の生活の場としては非常に大事なもので、それが大地と繋がる、また水と繋がっている。ですから柳田は地域ということに目を付けたんです。地域ということに目を付けたから遠野郷に行ったんです。「遠野郷は今の陸中上閉伊《かみへい》郡の西の半分、山々にて取り囲《かこ》まれたる平地なり。新町村にては、遠野、土淵《つちぶち》、附馬牛《つくもうし》、松崎、青笹《あおざさ》、上郷《かみごう》、小友《おとも》、綾織《あやおり》、鱒沢《ますざわ》、宮守《みやもり》、達曽部《たっそべ》の一町十ケ村に分かつ。」これがはじめの一節です。この一町十ヶ村から成る盆地の中で、人間はどうやって暮らしているか、どういう信仰を持って、どういう生活をしているかということをつぶさに書いたんです。

ここでは、山々に囲まれた盆地という自然生態系の特色を共有しているムラと町とのつながりが大事です。ムラで物を生産します。町にそれをみんなが持っていきます。町という言葉は何から来たかというと、「いち」から来たんですね。「いち」、「まち」。「い」と「ま」の違い、まちがいですよね(笑)。それで、いちに行って取引するんです。取引しなければ困るでしょう。お米ばかり作っている、お魚ばかり取っているのでは暮らせないでしょう。だから取引しなければならない。取引の場がいちである。そして、そういうものをみんなが取引すれば、相対的に経済的に独立できる。

もう一つ大事なことは、自治です。自分たちの作った物の値段は自分たちで決める。それから、自分たちがどこに橋を架けようとか、どこに学校を造ろうとか、自分たちの生活に関わることは、全部自分たちで、寄り合いで決める、囲炉裏端会議で決める。これが自治です。

それから三番目は、盆地ですから、そこに世代から世代へ受け継がれるところの文化が集積する。文化というのは、ものの考え方から、生活のやり方から、全部入りますね。精神構造と社会構造と心性ですね。文化がそこに集積される。それが地域であるというふうに言ったんですね。これは私は大変大事だと思う。

ところが、その地域というのは、山に囲まれているから閉鎖されているようだが、そうじゃない。そうじゃなくて、遠野というところは、決して閉鎖されてはいないと言ったんです。南北道がある。それから北上山地がある。そして、たくさんの交通の要路であった。この遠野というところは、だからたくさんの文化が外から入ってきた。早池峰神社を建てたのは、藤藏という山師です。伊豆からやって来たんです。それでそこに伊豆権現を建てた。というふうに、山師とか金山師とか猟師とかがいっぱい入って来たんです。そして、しょっちゅう外との交通があったんです。地域というのは、そこで相対的独立があるけども、同時に外に開かれている場である。そして、漂泊者と定住者と旅人、そこから出て行ってまた帰ってくる一時漂泊者の出会いの場が地域であるということを言ったんです。そこで非常に大事なことは、心性です。これは対談の時にお話ししようと思います。

アニミズムを基軸に価値観を組み替える

もう時間が切れましたので、ここで止めたいと思いますが、東北モデルの形成について大事なことは、古代心性をそのままに蘇らせるのではありません。現代の私達が持っている科学技術、社会構造、さらには中央集権制の困ったところを、近代以前の心性によって、創りかえていくことです。住民一人ひとりの持っている心性、心がすごく大事になってくるんです。東北人の心性は何であろう、東北人の特徴は何であろうというディスカッションをセミナーでうんとやったんです。私は一つはアニミズム（精霊信仰）です。自然のものも石ころも、あらゆる生きているものも生きていないものも、全てのものに人間と同じように魂があるということです。それを信じているんです。自然のものも人間も、お互いにいたわり合いを持って付き合っていく。そうすると、自然を暴力をもって破壊することは出来なくなりますね。そういう心性を、セミナーで皆様方は、祈りとか感謝の気持ちとか様々な表現でなさいましたが、私は、大きな言葉で言ってしまえば、アニミズムというものだと思います。人間は自然より偉いんだから自然を征服すればいい、自然には感情もないし考える思考能力もないから何をしてもよろしいという考えとは違うということです。

私は科学技術を否定しません。しかし科学技術の組み替えが必要なんです。このアニミズムの信仰を中心にして、価値観の転換が必要なんです。これは日本の我々が言っているだけではないんです。今、ヨーロッパでもそのことを言っている人たちがいるんです。一昨年、「価値転換のプロセスに関する国際会議」というのがオランダの女王が主催して宮殿で開かれたんです。すばらしい会議でした。今の私達が持っている「もっともっと主義」、もっと欲しいもっと欲しいという経済成長至上主義というものから脱却しなくては駄目だということを、ヨーロッパの人もアメリカの人も、様々な国の人が集まって話したんです。それには、どうやってこれを作り換えたらいいかということを討議したんです。ですから、そういう気運が、今、日本の中だけではなくて東北だけではなくて、地球的規模で、経済至上主義のもう片方で、行なわれている。その新しい流れに対して、東北が一つの具体的な発展のモデルを出せないか、その時に、私達の持っている原始、古代心性が役立つのではないか、ということでここを結びたいと思います。

〈対談〉東北、その内発的発展への道…………赤坂憲雄　鶴見和子

「地域」とは何か

赤坂　それでは対談に入らせていただきます。この鶴見先生との対談、ぼくはとても楽しみにしておりました。現在のあまり思想的に豊かとはいえない日本の知的な風土の中で、数少ないぼくの尊敬する鶴見先生と（笑）、あ、これはお世辞に取られると辛いんですが、そうではないんです。本当にそう思っています。鶴見先生と対談させていただけるということで、ぼくは二、三日前から、とてもドキドキ緊張していまして、でも、おやさしい鶴見先生ですからたっぷりいじめて下さると思います（笑）。この対談の大きなテーマを、鶴見先生がここ十年ほどでしょうか提唱されて、それを中国とか日本とか様々な地域で検証されてきております。そこで、内発的発展論と東北という内容にさせていただきます。その中の大きなテーマとしては、一つは地域と近代化の問題、もう一つが自然観とエコロジー、さらに技術という問題があります。内発的発展論というのは、内から発するという意味なんですね。ぼくは、外から発する外発というのと対比的に常に考えたいと思っていますが、それについては、後ほど触れる機会があるかと思います。

先ほど、鶴見先生の方から、『遠野物語』を素材として、地域というものが持っている一つのイメージを簡単に説明していただいたわけですが、それに重ねる形で、先ほどぼくは柳田の昭和三年の『雪国の春』を批判したわけです。ところが、柳田という人は本当に一筋縄ではいかない人でありまして、『雪国の春』が稲作一元論的な志向がとても強い本だったのに対して、その二年後に書かれた『都市と農村』という、ぼくはこれ大好きな本なんですけれども、その本の中では、別のことを平気で言うんですね、柳田は。そこで何を言っているかというと、普通のこれまでの日本の農業の在り方というものを語った一節がありまして、そこでは稲作一辺倒の近代のモノカルチャー農政というものに対して批判を投げかけているんですね。つまり、日本のお百姓さん、百姓をぼくは別に差別語だとは思っていませんけれども、お百姓さんというのは様々なことをやっているわけですね。確かに田んぼでは稲を作るけれども、そのかたわらには、畑があって、そこでは稗とか粟とかキビとか雑穀、野菜とかを作り、さらには鶏を飼い、牛や馬を飼い、蚕を育て、季節の幸を川や森からもらってくるという、そういう複合的な生業がごく自然に行なわれてきたのだと柳田は言っているわけですね。『雪国の春』との矛盾をどうしてくれるんだと言いたくなりますが、柳田というのは、本当に二枚腰どころじゃなくて何十枚腰の人でありまして困るわけです。

と同時に、その『都市と農村』の中では、地域というものを別の角度から語っているというふうにぼくは読んでいるんです。つまり都市と農村という枠組みなんですけれども、柳田によれば、日本の都市というのは西洋や中国の都市とは違って、農村を母体として、そこをふるさととして営まれてきたのが日本の都市なんだと。それはどういうことかというと、都市を形成している人間たちというのは、多くは農村からやってきた人たちであり、ある時期になると、また帰っていく人もある。さらには定着する人もある。つまり、人間たちが都市と農村の間を循環するわけですね。それと同時に、都市というのは、そこで蓄積された資本とか経済的な余剰といったものを農村に還元する。つまり、人的、経済的に都市と農村の間が循環することによって、日本の社会というのは営まれてきたんだということなんですね。

『都市と農村』の後半部で、柳田は地域、地域社会というもののイメージを語っています。そこで、都市と農村というのが、たとえば、ぼくなんかのイメージですと最上地方くらいのイメージなんですが、新庄という都市があって、そのまわりに七つ、八つの村や町がある。その地域が自立的な経済圏、文化圏のようなものを形成している。そこである種の自治も行なわれる。そういうイメージが柳田にとっての地域だったような気がするんですね。それは、先ほど鶴見先生が言われました地域というものと重なってくると思いますが、柳田の地域イメージということで、もう少し鶴見先生に展開していただきたいと思います。

鶴見　今おっしゃいました『都市と農村』なんですけど、やはり、地域ということを今すでに説明してくださったのですが、私は『都市と農村』はすごく大事な本だと思います。何回も読み直さなくてはならない本だと思います。いま赤坂先生がおっしゃったように、最初のところは、「日本の都市は村人が集まって作ったところである」というところから始まるんですね。だけど同時に、村人はムラの中だけに居ると、所貧乏になる。視野狭窄です。視野が狭くなって、考え方が凝り固まっていく。だから町から来る人々を迎え入れたり、あるいはお祭りの時に物見高いからムラから町へ出て行って帰ってくるとね、都ではこんなことがあったよという話をする。そのことによって、都というのは、都市というのは村人にとっては世間であった、というふうに書いてある。インフォメーションの交流が非常に大事である。つまり、いま情報化社会と言っているけど、昔から、テレビや新聞やラジオのない時代にも、既に情報というものが流通していて、それは機械によってではなくて人間によって運ばれた。その文化運搬者というのは、大事な役割で、それが都市と農村を流通していたというような話も出てくるんですね。

それで今おっしゃいましたように、ムラと町との連合体である。そしてエコロジーを共有することが大事なんですね。生態系の特徴を共有する。だから一つの川沿いにあるとか、あるいは山に囲まれているとか、何かエコロジーの特徴を共有することが大事なんですね。

それから、経済的に相対的に独立している。そして、文化というものが、そこに独自の文化を形成するという、これを非常に大事に考えたと思いますね。

米山俊直さんの「小盆地宇宙論」というのは、日本列島を幾つかの盆地に分けることができる。そしてその盆地で固有の文化を持っている。その原点が東北の遠野盆地なんですね。

赤坂　盆地文化ということで、ぼくが思い出すのは『雪国の春』の一節なんですね。最初の方にとても大切な指摘があったと思うんですが、ここにコピーを持っていますので、その一文だけ読んでみます。日本の歌の世界に読まれる風景について語った一節なんですけれども、こういう一文です。「日本国の歌の景は、ことごとくこの山城の一小盆地の風物に外ならぬのであった。」つまり、日本文化の中の歌で詠まれる風景というのが、実は、たとえば、春はあけぼのとか、そういう定型的なイメージがあるわけですけれど、それがことごとく京都の一小盆地で作られたイメージが地方でそのまま輸入されて、地方の人々が春はあけぼのなどと、雪国ではあけぼのなど無縁な風景であるにもかかわらず、春になると春はあけぼのとうれしそうに詠んでしまうという、そうした地方文芸のあり方に対して柳田は批判を投げかけているんですね。ぼくは去年、「さらば、芭蕉」という文章を書きましたけれども、それがまさにこの柳田の批判を手掛かりにしていたということもあるわけです。

遠野の盆地と京都の盆地の対比、たぶんいろいろな示唆的なものを含んでいると思いますけれども、たとえば、地域ということを考える時に、これは鶴見先生のご専門なんですが、南方熊楠が、先ほど鶴見先生がお話しになられた明治後半の神社合祀令に対して孤独な戦いを演じたわけですね。その中では、具体的に地域のイメージというのが、柳田が語ったような少し観念的なレベルではなくて、もっと具体的に生き生きとした形で出てきていると思うんで、それを鶴見先生にお話しいただくと、地域というものがもっと迫ってくるかなと思うんですが。

鶴見　地域というものは壊されたんですよね、明治近代によって。一八八八年に市町村合併が始まりました。それからどんどん市町村の単位が大きくなっていって、町村の数が減っていったんですね。明治初年に町村数を当時（一八七四年）の三〇分の一にするという目標が達成されたのは、一九七〇年です。戦後までずっと市町村合併が続いていたんですね。その中で、一番小さい地域というのは村でしょう。村には一つの産土社《うぶすな》があって、その産土社を中心に村寄り合いをした。お互いに人の顔の見えるかたまりだから、そこでうまく自治が働いたんですね。ところが、市町村合併をしていけば、村々を幾つか集めて町にする、町を幾つか集めて市にする、そうすると、一つの町村に二つ以上の産土が出来ちゃうんですね。そこで明治政府の官僚は、これはもったいないと考えた。一つの町村に原則として一つの鎮守様にしろというのが神社合祀令です。

産土社は雑木林で囲まれていた。雑木林の根が保水作用をしていたんです。鎮守の森の樹木は神の依代《よりしろ》だから伐ってはいけないというタブーがありました。それは農民の知恵なんです。このタブーを守ってきたおかげで、水源を保ち、水田耕作を続けることができたのです。

地域というのは、村々と町との一つの連続体というふうに言っていいでしょうか。神社合祀令によって村の自治を破壊し、人々の信仰心を薄れさせ、農民、漁民の生業を衰えさせました。自然の破壊はその時急速に進んだんです。これは足尾銅山のような産業公害ではないけれども、ここにいらっしゃるお役人はいいお人ですけれども当時のお役人はひどいもので、役人公害と私は言っております（笑）。

自治の思想と内発的発展論

赤坂　役人公害もたくさんありますし、また岩手の天台寺という非常に古い由緒のある、今、瀬戸内寂聴さんが住職さんをなさっているお寺を訪ねたんですけれど、みごとに無残なんですね。というのは、昭和二十年代の末から三十年代にかけて、ある土建業者か材木業者が、安値でだますようにしてその木を全部買い取って、樹齢数百年の神木をことごとく切ってしまったんですね。寂聴さんがいらっしゃってから、浄法寺町というその地域の人たちが、その天台寺をもう一回自分たちの精神的な拠り所として立て直すためにいろいろやっていらっしゃいますけれども、実は早池峰神社の神木を切ったのも同じ業者だったということを、早池峰神仕の女性の神主さんから聞いたんですね。つまり、神社合祀というのは、国家権力の命令で行なわれたんですけれども、そうではない形での産土や自分たちのお寺の破壊というのが、戦後までずっと続いてきたわけですね。

ぼくは熊楠がやった運動を考える時に、沖縄の南の島々の御嶽《うたき》を思い出すんですね。この五、六年、しょっちゅうあちらの島に行って、御嶽巡りをしていまして、たとえば今年の二月には波照間島に行きました。人口五百人ほどの小さな島ですが、そこに御嶽がいくつもあるんです。御嶽というのは、沖縄の人たちが神の籠る森としてずっと昔から拝んできた森なんですけれども、島の人たちは、その御嶽に祭りの日しか足を踏み入れないんですね。ですから年に数回しかそこには入らない。その森は、もちろん木を切るなんてことは禁じられていますから、よそ者がそんな所に入ったら大変なんですけれども、そういう形でたぶん守られてきた御嶽の森があって、その森を南方熊楠の神社合祀反対運動を考える時に思い出すんですね。

和歌山の人々が、現在の沖縄の人々ほどに信仰心が篤かったのかどうかは、ちょっと疑わしい所がありますけれども、そういう形で自分たちの島に生きることの、明らかにアイデンティティの核として祀られている御嶽。その森を売っぱらうということが起こった時には、本当に島に住んでいる人たちの精神の拠り所が破壊されるんじゃないか。それに対して熊楠はたった一人で抵抗したわけですね。その抵抗の形の中でとてもおもしろいと思うのは、熊楠はたとえば中央の官僚であった柳田に対して支援を求める、あるいは学者たちにも求める、さらには外国の研究者にも応援を求めるぞと脅しをかけたりする。と同時に、地域の人たちが、下からそういう森を守ろう、神社を守ろうという自治の動きがない限り、それは駄目なんだということをはっきり認識していた人なんですね。

鶴見　大山神社というのがあるんですね、和歌山県の田辺の近くに。大山神社は、南方熊楠のお父さんの産土社なんです。お父さんの生まれた町の鎮守なんです。そこも破壊されるということになった時、その頃いとこが住んでいて、そのいとこが「あなたは一所懸命神社合祀反対運動を体を張ってやっているのだから、ここへ来てここが破壊されるのを守ってくれ」と言ったんです。そしたら南方は断ったんですよ。断った手紙がすごくおもしろいんですよ。つまり、どこどこの例どこの例と、いろんな町や村の例を出すんです。どこどこの村ではみんなが結束して、目の見えない人がいて、その人が自分の村の鎮守を守ろうとして本当に奔走して、村がその人と一緒になって一致団結して守ったから、あれは残ったんだと。ところが大山町は、あなたがそのことを言っているだけで、私は大山町に住んでいない、私は住民でないのに私に助けを求めて応援に来てくれと。住民がこの神社を自分たちの産土を守ろうという気概のない所で、産土を守ることは出来ないとはっきり言ったんです。つまり、産土を中心とした地域というものを、南方ははっきり自治の拠点と考えたんです。もしも住民がそれを守ろうとしなければ、外の人は守ってやれない。しかし、もし住民が一所懸命なら自分は助っ人となることは出来ると。それはすごく大事ですね。さっき赤坂先生がおっしゃった内発と外発の関係なんです。外から人が行って守ってやるといえば、それは外発になっちゃうんです。内発的に住民が守ろうとした時に初めて、外の人は応援することは出来る。そういうことだと思います。

赤坂　たとえば、内発的発展論という言葉だけ聞きますと、どうもそれは狭い地域やムラなり共同体なりに閉じこもって、外部の人間たちに対して、それを寄せ付けない狭い意識をもった発展の形なんじゃないかと誤解されてしまう怖れがあるんですが、明らかに、内発的と外発的を区別するのは主体の在り方だと思うんですね。つまり、その土地に暮らす人々が内発的な欲求をもって、熊楠の言葉で言えば自治の精神をもって、何かに立ち向かうことが内発的なんだと思うんですね。これを、ぼくは東北のいろいろな所で体験するんですけれども、「さらば、芭蕉」といった時も同じ思いだったんですね。つまり、内発的発展論というのが、ムラや町に生きる人たちが一つの何かを起こす時の大きな理論的な手掛かりになると、ぼくは信じているわけです。それはそれぞれの土地に生きる人々が、自分の内発的な欲求なり、生活のスタイルなりに基づいて動く、何かを求めることだと感じているんですね。もう少し鶴見先生に内発的発展論の具体的な例を挙げてお話ししていただけると、分かりやすいんじゃないかなと思うんですが。

鶴見　日本の事例は、大体いろんな所の地域おこし、村おこし、それを内発的発展の事例というふうに考えることはできます。私はまずそれを考えていたんです。

中国でここ十年間、江蘇省で調査をしてまいりました。江蘇省の農村の工業化の調査をしてまいりまして、そして最近、成蹊大学の宇野重昭先生と共編で本を出しました（『内発的発展と外向型発展――現代中国における交錯』東京大学出版会）。今、中国は急速に工業化を進めています。直面している問題は、日本と違います。日本が工業化のある段階に達して、公害の問題とか人間の疎外とか過疎の問題とかが出てきました。そこでどうやって公害によって破壊された自然と人間の暮らしを再生していくか、これは水俣です。過疎の問題、若者をどうやって呼び戻すか、これが大分県の一村一品運動です。そういうふうにある一定の段階に達してから弊害が出てくる。その弊害を乗り切るために内発的にやろう、上からの近代化ではなくて、地域住民の側からやり直しのモデルを出していこうというのが日本の場合です。中国の場合はどうやって工業をおこしていくかです。そうすると、まず江蘇省の南部の蘇南モデルがある。そして温州モデル、これは浙江省です。それから、蘇南モデルの対極にあるのが珠江モデルです、広東省です。そういうふうにね、幾つもの地域によって工業化の筋道が違う、やり方が違うということをモデル化したんです。これが幾つも出ているんです。私が日本で発展のモデルを東北から作って欲しいと言ったのは、そのことなんです。今、内発的発展のモデルで日本の実例を出して下さいといったら、それぞれの地域おこしはあるけれど、モデルといえそうなのは、大分県の一村一品運動だと思っています。

柳田と南方、エコロジーをめぐって

赤坂　大分の湯布院でしたか、あそこは本当に見事な町づくりをしていますね。周辺の生態系をきちんと射程におさめながらやってきたようです。日本ではまだ内発的発展のモデルになるようなものが、それほどは出てないんですけれども、鶴見先生は先程から東北からそのモデルを提出して欲しいということを訴えられているわけですね。実は鶴見先生の内発的発展論というのは、鶴見先生が二十数年前からやられてきた近代化論の中の一つの帰結だと思うんです。つまり簡単に説明しますと、欧米を中心とした近代化のモデルというのがあるわけですね。それをたとえば日本とか中国とかに当てはめると、どうしてもそのモデルからずれてしまう部分がある。そうすると、欧米の学者は何と言うかというと、日本の固有のひずみとかゆがみだと言うんですね。それに対して鶴見先生は、そうではなくて欧米のモデルというのは、欧米社会から採ってきた一つのローカルな発展の形態に過ぎないんじゃないか。それに対して、日本とか中国とかにはまた別の近代化のプロセスというのがあってもいいし、それをモデルとして提出することによって、西欧的なものに対して相対化をすることが出来るんじゃないか。これはぼくが天皇制論をやってきた時の一つの方法でもあったんですね。つまり、天皇制を語る時に、これは王権であるという言い方があります。その王権と言われる時には、必ず欧米の学者たちが頭に描いている王権なんですね。それを比較のモデルとして天皇制に押し付けたり、いろいろするわけですけれども、どうもそれでは駄目なんじゃないか。王権の話はここではしませんが、この内発的にものを考える、内発的に何かを起こすという思考は、これからの東北にとって決定的に重要な鍵なんじゃないかなと思っているわけです。

少しずつエコロジーの問題に話を移していきたいんですけれども、ぼくはさっきセミナーの中で、唐突にエコロジーには二つあると言いました。内発的なエコロジーと外発的なエコロジー。ここでは例を挙げませんけれども、外発的に外から押し付けられるエコロジーは、どうも信頼できない。たとえば、ブナの森と一緒に暮らしてきた人たちの暮らしの流儀というものを無視しておいて、とにかくブナの森を守れとかいう運動はどうも届かないんじゃないか。そうではなくて、その土地で長い間、何代にもわたってブナの森とともに生きてきた人たちの暮らしの流儀とか知恵とかそういったものをきちんと汲み上げる形で、もう一度、内発的にエコロジーというものを作り上げていく努力が必要なんじゃないかなというふうに、今感じています。いかがでしょうか。

鶴見　私は全然賛成です（笑）。私に、反対するような意見を言うかもしれないとおっしゃったが、それは誤解です（笑）。ただ、私はこの区別を今まで考えていなかった。だから、とてもいい区別を教えていただきましたから、これは赤坂先生の教示によると、ちゃんと注を入れまして、今後の論文に書かせていただきます。この視点が欠けておりました。

しかし、これはすごく問題なの。私が上智大学にいるころからゼミで議論になったことがあります。環境対策は、内発的で間に合うかという問題なんです。内発というのは発酵する、熟成する期間を必要とするということが出たでしょ。東北の方がゆっくりしゃべる、よーく考えてしゃべる。だから時間が掛かるのよ。私みたいにパッパカパッパカ、これは外発的なしゃべり方よ、すごく忙しいの。後ろから追われている。だけど熟成の期間がいるんですよね。そんなことでは間に合わない。だから上からパーッとやることが必要だ。それが特に発展途上国の場合は必要だ。そういう考えが発展途上国の地域研究をやっている方にはあるんです。私のゼミの大学院生、今上智大学の助教授になりましたけど、その人がうんと私を批判したんです。先生、まごまごしていたら駄目ですよ、上からバンとやった方がいいんですよと。シンガポールのリー・クアン・ユーが首相であった時に、上から規制をして、完全に環境問題をきちっとやった、だから、今非常に公害の少ない発展をやっている、これでやらなければ駄目なんですよと言った。それでほかの学生が反発して、それじゃ民主的ではないと論じたんです。だけどね、これでなきゃ駄目なんですよという考えもあるのよ。これは内発的発展と近代化との、今日も出てきた科学技術の問題に関連します。スピードの問題。速度が外発は非常に速い。速いから利点がある。早く近代化するから発展途上国にはいいという考えが強く欧米にはある。途上国にもある。科学技術者の中にもある。私自身は赤坂先生の考えに賛成いたします。しかし、具体的に、じゃあ、リー・クアン・ユーがしたことは全部専制的だからやり直した方がいいか、それは分からない。かなりいい公害対策をとって、公害の非常に少ない、後発国発展モデルを出している。

だけど、リー・クアン・ユーにとっては、これは内発性なのです。あの人はもともと華人です。中国の覇道に対する王道。人民に対して恩恵を垂れる。お前たちがよく分からないから教えてやるよ、この方がお前たちにとって良いのだよと。つまり、ヨーロッパ的に、ガーンとこれでやれと、やらない者はみんな殺すというのではない。お前たちは知らないんだから、私が教えてやるよ、そういうやり方。だから、私はその場とその時代によって様々な意見に分かれるであろう。しかし私は、内発的発展で、時間をかけてやった方がいいと思う。これは価値観の問題になります。

赤坂　価値観の問題ということで、確かにそのとおりだと思うんです。たとえば、東北のムラを訪ねると、そういう自然保護派とかエコロジーの人たちが来るわけですね。そうするとぼくはその人たちの姿を見ていて嫌だなと思うのは、その土地の人に対して、自分たちがこんなに高邁なエコロジーの思想を持って来ているのに、口にはしませんが、あなたたちはちっとも分かっていない、無知な人たちだと見下さんばかりの態度がたまらなく嫌なんですね。でも確かに間に合うかという問題を突き付けられた時には、それは個々の具体的な地域における問題になってくると思うんですね。ぼくはもちろん、あたり構わず開発しろとか言っているわけではないし、自然保護というのは、決定的にこれからの人類の問題として重要だということはよく承知しているんですけれども、それを性急に外から押し付けられた時には、東北に今暮らしている人たち、たとえばブナの森とともに暮らしている人たちの生活自体がすでに脅かされて、ある意味では崩壊の危機に瀕している場所もたくさんあるわけですけれども、そういう人たちに対して、その頭越しに、お前らはブナの森を守らなければならないという押し付けに対しては、たぶん抵抗しなくてはいけないだろうと思います。

柳田と南方ということを考えた時に、どちらにもエコロジーとか自治の思想とかありますよね。ここではエコロジーについてちょっと考えてみたいと思います。柳田の『雪国の春』のどこかにあったと思うんですけれども、「風景を栽える」というエッセイがあるんですね。これは非常に柳田的だなと思っています。つまり、南方熊楠というのは、非常に優れた自然科学者でもありましたから、生態系とかを考える時に、そこに森だったら森に生きている粘菌とかの微生物のレベルから積み上げていって、全体的な自然の生態系というものを考えるわけです。ところが、悲しいことに、ぼく自身もそうですけれども、柳田は人文系の学者ですから、そういう視点はどうも出てこないんですね。柳田が「風景を栽える」と言った時の思考の在り方に対して、ぼくは共感を覚えるんですね。つまり、風景というのはそこにそのままに野放しで転がっているものではなくて、実は風景に対して人間たちがさまざまな形で関与してかかわり、手を加えて作ってきたものが、目の前にある風景なんだよ、ということだと思うんですね。風景と生態系とはいきなりは結び付きませんけれども、柳田はいかにも、より深く人間の側に立って発想している。それに対して、南方はもう少し深く、自然の側からの発想、そこからエコロジーを作っているんだろうなという印象を持っています。

鶴見　柳田の中には、幾つもそういう言葉があると思います、「人間の手を加えない自然はない」とか。水田が美しいのは、そこの農民が一所懸命に田植えをして水を引いて草を取っているから美しいので、もし今のように休耕田になったら、水田なんかちっとも美しくない。だから、人間が手を加えることによって、定住農業以来はずっとそうだと柳田は言っていますね。

赤坂　それに対して、南方は自然科学者ですからずいぶん違いますね。

鶴見　違いますね。発想は全然違う。自然に対する接し方が違うのよ。もう、南方はその中に入っているのよ。自分が自然の風景を見ているんじゃないのね。この人は、ああ美しいなんて言って熊野に行ったんじゃなくて、熊野の中で格闘しながら粘菌を探していたんだから。自分がその中にいるから、もしかしたら、あわよくばじゃなくて、あわわるくば自分が足を滑らして千尋の谷に落ちちゃうというなかで、自然の中での格闘よね。だから自分もすっぽり入っているのよ。

赤坂　ぼくは、その南方の自然との対し方って宮沢賢治にやっぱり似ているなという思いがしますね。賢治も若い頃から地質学者として科学者の端くれなんですね。自然科学の知識を非常に豊富に持っていましたし、地質学者としても岩手の山野を跋渉していますね。本当に軽装で、腰に小さなお弁当だけぶら下げて歩き回っている。だから明らかに、柳田的な、風景を眺める立場に立っていたのではなくて、南方のように、風景の中を生きた人なんだろうという気がします。

鶴見　ちょっと逆説的に言えば、水田の美しさとかなんとか柳田は語っているけど、柳田は田植えをしたことがないわけ。南方も田植えをしたことがないけど、自然の生物の一つとして自然の中に生きていたのよ。だから、むしろその方が農民の立場に近いんじゃないかしら。

可能性としてのアニミズム

赤坂　やはり柳田という人は、田植え仕事をしているおばあちゃんの傍らに腰を下ろして話を聞くということは、とても出来ない人ですね。それで柳田を批判するという気には全然ならないんですけれども。

鶴見先生にエコロジーと科学技術の問題についてお話ししていただきたいのですが、つまり、エコロジーとか古い時代の技術のこととか。ぼくなんかは、たとえば昨日を知らずして明日を語ることが出来るかなんて開き直りますけれども、民俗学というのは、そういう聞き書きの仕事とかいうのは、お前のやっていることはノスタルジーで後ろ向きでそんなことをやってもしょうがないじゃないかと常に批判されるわけですね。それに対して、鶴見先生はたぶん違った見方を提出して下さると思います。

鶴見　遠野に一つ象徴される東北の方たちが保っていらっしゃる原始的心性というか、昔から持ってきた信仰とか、いろんな年中行事とか、草木に感謝する、動物に感謝するといったことは、都会の我々にもあるんですよ。というのは、私は踊りをやりますので、毎年扇塚のお祀りをしています。扇を使って踊りをしますので、それを捨てないで、お祀りの日に持っていって燃やして天に還らせてやり、そしてありがとうございます、これからもっと上達しますようにと言って、一門でお祈りするというのを浅草寺でやっております。芭蕉の碑がある隣に私の師匠の碑があるんです。芭蕉さんと共にお祈りしているんですけども、それは私の心性の中にも実はあるんです。だから、東北の方だけではなく、私も東北人の血を引いているからあるのかもしれないけど、あるんですよ。それぞれの地域で何に対して感謝するかは違いますけど、自分の職業によっても違いますけど、それぞれの地域にあると思うんです。草木とかすべてのものに魂が宿っているということを大事にしなければいけないという、アニミズムの思想は、タイラーなどの欧米の学者がこれを言い出した時には、原始民族の中にこれを発見した。自分たちとは違うと考えたのですが、私は、私たち自身の中にもあるとみているんです。だから、自分も原始人だ、我らの内なる原始人を発掘したのが柳田であるというのが、私の最初の驚きだったんです。それは殺しても殺してもまた出てくるんです。それで、それを今使えないかと考えた。非常に突飛な考えで、それを国際会議に持ち出して、「アニミズムと科学」という小論文を出したんです。それは、現代科学である エコロジーはアニミズムに通底するところがあるという仮説です。私がそれを出してみたら、賛成する人が外国の学者にもいたんです。それで決して私たちが謙遜して、我々は遅れているから、古いからといわないで、もうちょっと開き直った気持ちなんです。大江健三郎の作品の題をもじって、「東北の人よ、目覚めよ。新しき人よ、目覚めよ」と、アジテーションしているところです。それはすごく大事なんですね。というのは、人間が自然を征服すべきなんだという考えで、これまで科学技術が発達してきて、それを全然否定するんじゃないけど、それだけでやったら何が起きるのかというのを私たちは目の前にしているんです。

私は一神教じゃありません、アニミズムですから多神教です。神々はたくさんあって、真理はたくさんあるという考えですから、こっちが良いか、こっちが悪いかという考えじゃないんです。それがいいと思うところはやってごらんなさい。しかし、私はもうちょっと違うことをやらせてもらいますという提案をしているわけなんです。

それで、このアニミズムに基づく、科学よりも技術が私は問題だと思うんですね。自然を破壊していくのは、端的には技術なんですから。科学理論を使って、それを技術化する、商品化する段階で破壊が起こります。私はまず技術が大事であると思うんです。そのいくつかの事例があるのですが、私がいつでも出しているのは、わりあいと大分県と親しくさせていただいているので、大分県の一村一品運動の実験牧場、海洋牧場です。

人間に音楽が分かる、音を識別出来る、従って、魚も魂を人間同様持っているんだから、魂というか感性ですね、感性を持っているんだから音楽を習得する能力があるだろう、と考えた昔の漁師が、音を出して魚を呼び寄せたんです、これからヒントを得た科学者が、どういう魚はどういう音が好きかというのを敗戦後からずっと研究してきた結果、鯛はこの音が好きという結論を出した。鯛の稚魚を海洋に網を張って放して、そしてその音を出して、えさをやるということをやった。条件反射です。この稚魚が三〇センチ位になった時に、囲いを解いて海洋に放してやるのです。そしてまた忘れないうちにその音を出すと、帰って来ると言うんです。何割帰って来るかというと、大体三〇パーセント帰って来て、その中から必要な時に必要なものだけを取る。私が、海洋牧場の実験所の所長さんに、この人は自然科学者ですが、「それでは七〇パーセントは無駄になるのね、こんなにお金を使って」と言ったら、「いいえ、違います」と科学者が言ったんです。「その魚は生きています。海で生きています」。つまり大分県の魚というのではない。魚に国境はない、フワーっとどこへでも行く、どこの国に行っているか分からない。だけど海洋資源を豊富にします、だからよろしいんです。私たちは必要なものを必要な時にいただきます、後は海に返してあげます。私はびっくりしました。普通の養魚場ですと、ホルモンをやったり成長剤をやったり抗生物質をやったりいろんなもので富栄養化現象がおきて、我々の体も汚染されるし、海も汚染している。それが切ないんです。普通のえさをやって、またみんな海へ。私たちが食べている普通の養殖魚は肥満児なんです。

鯛を買う時に、ちょっと黒みがかったピンクの鯛は止めた方がいいです。これが養魚場の鯛です。鯛はスーッと放してやると、帰って来る時に美しいピンク色で帰って来るそうです。だからピンクの鯛を見つけたら、それを買ってください。だけど少し高いかもしれない（笑）。所長さんが言ったことは、まったく昔の漁師の考えなんです、アニミズムの考え。必要な時に必要なものを取る、必要以上取らないということなんです。そして海に返してやる。これこそ持続的に発展する、海洋資源を持続させる。近代科学技術を、大量にハイテクノロジーを使っています。ものすごい壮大な装置です。お金がかかりましたが、今は、実験の段階を済ませて、産業化されてあちこちでやっています。

今朝その話をしましたら、山形県にあると言われたんです。天童市に音楽でバラを育てる。バラはどんな音楽が好きかというと、ベートーヴェンが好きなものとモーツァルトが好きなものとがある（笑）。モーツァルトで育てたバラ、ベートーヴェンの音楽で育てたバラがあるそうです。すばらしいですね。音響機器メーカーの東北パイオニアの技術者の思いつきを、社長さんが支持して事業化したのだそうです（村井建司『音楽を聴いた食品たち』高輪出版社、一九九四年）。やはりアニミズムの発想だと思いますよ。山形県人はすごい（笑）。

赤坂　アニミズムのすごさを説得されてしまうような気がするんですけれども、ぼくが知っている中では、岩田慶治さんという、東南アジアをフィールドとして研究をなさっている人類学者がいらっしゃいます。その岩田慶治さんに『アニミズムの時代』という本があります。ぼくはファッションや流行としてアニミズムが語られることに対して抵抗がすごくありますが、岩田さんの本には感銘を受ける、まさに岩田さん自身がアニミズムを生きているような方なんですね。みなさん、是非お読みになってみてください。

と同時に、ぼくはあらためて東北に引き戻して話を閉じなくてはいけないんですが、宮沢賢治という人がまさに、空気でも何でもおいしい食べ物として食べることが出来たアニミズムの人だったと思うんですね。同時に、賢治という人は、科学の知識が豊富で技術者でもあったんですね。農耕に関わる技術、地質に関わる技術、土壌とかいろんなものについての知識を持った技術者だったんです。その賢治が、アニミスティックな感覚、心性というものを、技術とどのように結び付けているのかということ、これが実は作品の中に結構出て来るんです。ぼくは賢治の作品は大好きで、これからいろいろ考える手掛かりにしたいと思っているんですけれども、賢治のイーハトーブという、言葉というか観念というかがありますが、あれは現実にある岩手県というものを、ある位相で引っくり返すんですね。引っくり返すことによって、それがそのままイーハトーブという理想郷でもあるんだよと言うんですね。その引っくり返し方がとても難しいんですけれども。つまり、現実にある岩手県というのは、日本のチベットと言われたりする、チベットの人に怒られそうですが、貧しくて厳しい生活が営まれている土地なわけです。賢治は、それをそのままに自分の思想の中で、イーハトーブという理想郷に引っくり返そうとしたんですね。その知の営みが、賢治の一連の実践であり、文学活動であったと思うんです。

東北というのは、明らかに近代化という直線的なレールの上では、遅れた地域というふうに言えるかもしれないんですが、実は今、時間的に近代化がずれたり遅れたということが、むしろプラスの意味に転化する。先端の科学技術とかいろいろな思想とかと結び付くことによって、東北は新しい内発的な発展のプロセスを探ることが出来るだろうし、またそれをしなくてはいけない時期に来ているんじゃないかなと思っています。

——皆様から幾つかの質問をいただいております。大方、両先生のご講演ならびに対談によりまして、その糸口はつかめたとは存じますけれども、鶴見先生には内発的発展のモデルをめぐる提起、それからただ今ずっと盛り上がってまいりましたアニミズムの捉え方の問題、アニミズムを軸とするパラダイムの組み替えについてが、赤坂先生の領域につきましては、地域の意味、それとの関係からくる祈りの在り方、それから日本の文化の東と西の差がどのように出来、今後どのように捉えていくべきかという提起がございます。それから稲作の捉え方についての提起もありますが、農耕の起源や発達をめぐるもので、先生の領域と必ずしも合致しない面があるものもございます。

そういった中で、ただ今のお話をさらに深めていただくものとして、時間の関係もありますので、若干限らせていただきます。内発的発展のモデルにつきまして、そのモデルというのは外側から示されるものではなくて、それぞれのレベルで、主体と申しますか、行動する側で判断をし、決めていかなければならないのではないか。外から与えられるものではなくて、自ら生むものである。各主体のレベルで判断すべきではないか、という質問があります。これをまず、鶴見先生よりお願いいたします。

鶴見 このモデルというのは、中国語では模式と言います。この言葉を最初に使った費孝通は、それを英語で言えばモデルですと言っています。モデルというのはお手本という意味ではないんです。つまり、ここではこうやっているという事実があって、その事実を事実として描写すれば記録なんですね。一つの事実があったら、それを一般化する。こういう筋道を通って発展しました、こういう新しい目標を掲げてやってきたと、一般化しなくてはならないんです。内発的発展というのは、その地域の住民の創意工夫によってやるので、外から押し付けるのではない、これは賛成です。しかし、地域の人たちが一所懸命やってきて、ある程度成功した時に、その次の段階は、比較の問題がすごく大事だと思うんです。ここでやっていること、例えば大分県でやっている一村一品運動と東北でやっていること、あるいはこれからやっていこうとすることを比較することによって、大分はもっとはっきり特徴づけられる。それから東北はもっとはっきり特徴づけられる。一つしかお手本がないと、何が特徴だか分からないんです。事実を調べて、その次は特徴づけなんです。特徴づけの段階で比較が必要なんです。比較はだれがするかというと、これは、あっちこっちを漂泊して回っている赤坂先生とか私のような、漂泊的な、いわゆる学者、研究者です。その介在が必要だと思うんです。中国の場合、非常にこれがうまくいったのは、費孝通という、世界的に有名な、今八十三歳位で高齢だけども元気で中国全部を飛び回っている学者がいたからなんです。この人が、自分のグループを連れて発展のモデルを作っていき、それに続くたくさんの学者が出てきているんですね。こういう学者が日本にまだ出てこない。だから赤坂さんに東北モデルの学者になって、違う所と比較をやってくださいよ。比較をやらないと駄目なんです。それが一般化への道なんです。モデルは事実だけでは駄目なんです。事実を創るのは皆さん方地域の定住民です。だけど、それを特徴づけるには、やはり第三者の介在が必要である、と私は思っています。定住者と漂泊者との共同作業としてモデルを作っていく、その作業が、日本の学者の怠慢により中国に比べて出来ていないんです。まだ近代化方式でやれると思っているのでしょう。皆さんの中から学者を出してください。それから赤坂さんのように、東京にいて福島でお父さんが生まれて東京へ行って、またここへ帰って来た。これは一時漂泊者と言っていいでしょうかね（笑）。そういう人がたくさん育ってこないとモデル化はできません。私は、東北の方と今回お話ししてみて、これから地域の発展の経路をモデル化していく気運が十分にあると思いました。しっかりやって！（笑）赤坂先生、あなたがしっかりやんのよ。

――先生からの力強いご教示、本当に感謝したいと思います。赤坂先生のほうにも幾つかございます。特に、「地域」の意味、それとの関係で「ぼんてん」行事とかは稲作りへの祈りではないかという指摘、日本の文化の東西格差を今後東北人がどのように捉えていき、柳田による東北救済論は現在の時点ではどのように理解していくべきなのかという質問が参っております。

赤坂　全部まとめてやります。ぼくは東北を歩いて確実に、内発的発展のモデルになるような動きは起こりつつあると思っています。ただ、ぼくが入り込んでそれを特徴づける仕事に関わるかどうかは、ここまで鶴見先生にアジテーションされてしまうと、すごすごとでもやらざるをえない気分になっているところです。

鶴見　すごすごとじゃない、意気揚々とよ（笑）。

赤坂　ですから、皆さんと共同作業として出来ればいいんじゃないかなと思っています。

鶴見　これは共同作業です。学者がやったのでは、外発モデルになっちゃうのよ（笑）。

赤坂　あと東と西の問題と出て来ましたけれども、時間がないので簡単にモデル化しちゃいます。西日本は照葉樹林文化で、それは稲作主体の生活が営まれてきた土地なんですね。それに対して、東日本というのは、森がブナ林なんです。ブナ林文化というのは、非常に最近脚光を浴びていますけれども、つまり東北の縄文文化を支えたのは、東北の豊かな、雪の多い地方に生えるブナの森だったんですね。そのブナ林に親和的な文化というのは、焼畑的な雑穀農耕であり、狩猟であり、採集なんです。つまり、東と西というのは自然生態系からすれば、たいへん異なった背景を持つ文化なんですね。それを稲作の方が価値的に高いといって、ブナ林文化を裁いてきた、あるいは抑圧してきた歴史、それをぼくは問いたいんですね。つまり東北の伝統的な文化というのは、決して価値的に劣るものではないし、違った価値の原理によって支えられてきた固有の文化なんだということです。

長い間お付き合いいただきました。本当はもっと鶴見先生のお話を伺いたいんですけれども、ここで終わりにさせていただきます。長い間、どうもありがとうございました。（拍手）

（財）山形県生涯学習人材育成機構編集・発行『柳田国男・民俗学・東北——報告・「第三回山形アスペン・セミナー記念対談」』一九九五年所収）

柳田国男から内発的発展論へ——『鶴見和子曼荼羅Ⅳ　土の巻』解説

赤坂憲雄

一　鶴見さんの思い出から

とても不遜な物言いだが、わたしは鶴見和子という思想家にたいして、心からの敬意を抱いている。鶴見さんが提唱された内発的発展論は、過去—現在—未来を有機的に繋ぎつつ、この時代の混沌を基底から照らし出すかがり火のひとつだと感じてきた。鶴見さんの言葉でいえば、まさに一時漂泊者として山形で暮らす日々が始まったとき、わたしのなかにはすでに、将来の東北を考えるための手掛かりは内発的発展論にある、という確信があった。

いつであったか、「さらば、芭蕉」と題した短いエッセイを新聞に書いた。芭蕉は旅の詩人であり、漂泊者である。そして、漂泊の、いや出稼ぎの知識人のひとつの象徴である。そうした芭蕉的なるものに過剰な思い入れをして、芭蕉的なるものの眼を通してしか、山形や東北について語ることができない不幸が、いたる所に転がっていた。まず、そこに内発的にものを考える人々が存在しなければ、漂泊者との出会いは、豊かな創造への契機とはならない。だからこそ、天に唾するごとく、みずからも芭蕉的なるものの一人であることを承知しながら、わたしは「さらば、芭蕉」と書いた。それはいわば、内発的発展論の勧めであった。

そうして、山形をとりあえずの拠点として、ゆっくりと野辺歩きの旅を始めた。その山形で鶴見さんにお会いする機会があろうとは、むろん夢にも想像していなかった。一九九四年十一月に山形アスペン・セミナーが開かれ、鶴見さんが講師に招かれた。いかなる経緯があったかは知らず、その折りの記念対談の相手にわたしが指名された。蔵王温泉のホテルを舞台としたセミナーは、三日間にわたり、この種の催しとしてはたいへん充実したものだった。その最後に、場所を市内の遊学館に移して、鶴見さんとわたしの講演及び対談が行なわれた。対談は楽しいものであったが、鶴見さんの気魄にみちた語りにひたすら圧倒された。会場に来ていた女子学生の幾人かが、鶴見さんの魅力を興奮の面持ちで喋っていたことを思い出す。その講演と対談の記録は、のちに冊子にまとめられた。この巻に収録されている（本書所収）。セミナーのあと、鶴見さんのアジテーションの余韻のなかで幾度か勉強会が持たれたが、それも自然消滅してしまった。それでも、鶴見さんによる促しを受けた、内発的な地域起こしへの静かな動きは、確実に山形のそこかしこに広がっている。

そのときのセミナーの統一テーマは、「日本人の創造性――柳田国男と南方熊楠」という、いかにも鶴見さんらしいものだった。そこには柳田と南方が対等に並んでいる。しかし、講演と対談を含めて、三日間の鶴見さんの発言の端々には、柳田にたいする、どこか決定的な疎隔の雰囲気が漂っていた。すでに、たとえば『漂泊と定住と』などからはるかに遠い場所に、鶴見さんが身を移していることが、痛いほどに感じられた。柳田批判をしていればアリバイ証明ができる、そんな時代であるからこそ、柳田の残された可能性の掘り起こしに賭けたい、そう、いくらか屈折した思いを抱きはじめていたわたしは、一抹の寂しさを覚えた。

あれから三年半の歳月が過ぎた。あらためて、柳田国男にかかわる鶴見さんの論考群を読み直しながら、山形の地で触れた鶴見さんの語りや姿を思い返している。奇妙な揺りもどしの感覚がある。わたし自身が抱いた印象にたいして、いま、わたしはどこか醒めている。久し振りに読んだ鶴見さんの論考の群れは、生き生きと輝いていた。そこに語られている柳田国男像は、依然として魅力的なものだった。いや、それはむしろ未来にこそ属している気がした。思いがけぬ発見だった。過去を刻印された思想の可能性を、あたらしい時代の文脈のなかで掘り起こすとは何か、それはいかなる知の営みなのか。鶴見さんの一連の仕事は、そうした問いに向けてのみごとな応答を、あくまで実践的に示している。わたしはその一点にこだわることにした。あえて、ここでは解説の名を裏切りつつ、鶴見さんの柳田国男論の可能性から、さらには柳田の可能性と限界を問うことへと眼差しの切っ先を伸ばしてみたい、と思う。

二　内なる原始人とともに

　あらかじめ書いておけば、鶴見さんの柳田国男論は、ある意味では偏った、たいへんに個性的な読みによって支えられている。そこには、意外なほどに、柳田の思想の全体像を描こうとする欲望が稀薄にしか見いだされない。近代思想史のなかの柳田の位置付けといったことにも、ほとんど関心が向けられない。その代わりに、柳田のテクストに這入り込んでゆく入射角がはっきり定まっているために、浮き彫りにされた柳田の像は輪郭がくっきりと鮮やかである。いずれは中途半端ななかなわぬ全体像への欲望ゆえに、いかがわしさや曖昧さの印象を拭うことができない、大方の柳田国男論と、そこが一線を画されるところだろうか。

　この巻にも収められた論考「柳田国男の普遍性」には、内発的発展の拠り所としての柳田学――という副題が付されている。ここにすべてが凝縮されている、といってよい。起点には、柳田の仕事を社会変動論と見立てるという関心が横たわる。そうして柳田を拠り所として、西欧を普遍的なモノサシと見なしつつ語られる近代化論を批判しながら、非西欧社会における内発的発展の道を探し求めること、それが柳田を読むときの鶴見さんの方法的なモチーフである。柳田のテクストへの入射角もまた、そこに絞り込まれている。むろん、読解の対象とされているテクストは多岐にわたるが、その多くは内発的発展論という大きな水路へと導かれ、流入してゆく仕掛けになっている。

柳田学を社会変動論として見立てながら、鶴見さんは内発的発展論という、まったく新しい知の地平へと突き抜けてゆこうとする。その前提には、くりかえすが、西欧の近代化論にたいするラディカルな批判が存在する。「わたしの提案は、西欧世界が普遍であるというのは、フィクションであったことを、はっきり認めるところから再出発することである」(『鶴見和子曼荼羅Ⅳ 土の巻』一九六頁。頁数は以下同)、そう、鶴見さんは宣言する。人類社会の立場からみれば個別的なものにすぎない西欧を、あたかも普遍的であるかのように仮構することによって、国際比較の理論は成立している。それゆえ、そこから逸脱するものすべてが、「特殊的」「個別的」「偶発的」と見なされることになる。非西欧世界における近代化がつねに、その類の批判に晒されてきたことを、あらためて想起する必要もあるまい。

それでは、柳田の仕事はなにゆえに、内発的発展論に向けての拠り所となり、その原型をなす理論となりえたのか。ひとつの論考のタイトルともなっている「われらのうちなる原始人」という、奇妙な表現のなかに、それを解きほぐす鍵がある。鶴見さんはたとえば、その「われらのうちなる原始人」のなかで、以下のように述べている。

柳田学は、わたしたち自身のうちに、原始・未開人を発掘した。そして、われらのうちなる原始・未開人をテコとして、近代人をのりこえる手がかりを示した。同様に、わたしたちが属する集団の社会構造のなかに脈々として存在する原始・未開の相を掘りあて、その構造を明らかにすることをとおして、近代の表層をつくりかえる方途を示唆した。わたしはこのことが、柳田学のもっとも大切な今日的意味だと考える。（一六二頁）

「われらのうちなる原始人」という着想は、柳田のなかに見られた独特の歴史意識を汲み上げることを通じて、初めて獲得されたものである。鶴見さんはそれを「垂氷《つらら》モデル」と名付けている。古代・中世・近世・近代……などと時代を区分し、発展段階説をもって繋いでゆく「階段モデル」にたいして、柳田の「垂氷モデル」とは何か。それは、「近代社会に、原始、古代の生活習慣や考え方が、つららのようにたれ下がって、近代のそれと入れこ細工のように共存している、という柳田における歴史の多重性への認識」（九〇頁）を指している。だからこそ、日本人は原始時代や古代人の思想を知るために、現代の日本人自身、さらには自分自身の内部を覗き込みつつ探究すればよい。そうして、「日本の原始・未開人の信仰を、知識人であるかれ自身のうちにあるものと、おなじである」（一七四頁）という確信に立って、柳田は列島の民俗社会の探索へと赴くことができた。「われらのうちなる原始人」に導かれながら、民俗学という新しい学問の創造へと歩を進めたのである。

現在を広く渉猟してあるけば、そこには原始や中世や近代がごちゃごちゃと入れ子細工のように転がっている。そうした社会では、原始―古代―中世―近代といった時代区分は役には立たない。「階段モデル」は分析の手法としては、西欧社会に限定されたものなのである。「垂氷モデル」にあっては、原始や古代はかならずしも価値の低いものではないし、逆に、近代が価値的に高いわけでもない。「階段モデルにくらべて、つららモデルは、価値に対して中立である」（一八六頁）という鶴見さんの指摘は、幾重にも示唆に富んでいる。

柳田の『明治大正史世相篇』は、鶴見さんによれば、柳田学における社会変動論をもっとも包括的に示す著作である。その思想的意味が、「常民と世相史」のなかで論じられている。第一に、社会変動の要因として、価値観やイデオロギーから常民の感覚の変化へと重心が移されている。第二に、古い情動や感覚が環境の変化にもかかわらず、常民の内部に比較的長く残溜していると いう仮説が、柳田にはあった。第三に、日本の近代化の過程における内発性が重視されている。第四に、西欧の近代化論の多くが前提とする単系発展にたいして、多系発展の可能性が示唆される。第五に、共同体の崩壊を近代化の必須条件と見なすことなく、共同体が崩壊しないほうが個人が自立し、個人の立場から見た自由・平等・正義が守られる側面がある、という主張が見られる。第六に、段階的に区切り目をつけて発展する、支配者の眼から見た歴史にたいして、常民の歴史は長い期間をかけてゆっくりと変化してゆく。鶴見さんはいう、「古いものの中によきものがあるし、新しいものの中にも好ましくないものがある。古いものが遅れたもので、新しいものが進歩したものでもない。新しいものと古いものとの上下の価値をとっぱらったことが、柳田国男の一つの功績だと思う」（二三八頁）と。

こうして、いくらかではあるが、柳田から内発的発展論へと繋がってゆく道筋が見えやすくなってきた。社会変動論と見立てられた柳田の仕事は、「垂氷モデル」や「われらのうちなる原始人」に仲立ちされて、西欧的な近代化論にたいする批判の拠り所へと、大きな変貌を遂げるのである。こうした鶴見さんの読みの作法を、たとえば武器としての柳田国男と名付けてみたい誘惑に、ふっと駆られる。あきらかに、ここに見いだされるのは、柳田国男という思想を拠り所として、また武器として新たに鋳直された、もうひとつの思想であり、知の方法である。

三　異文化との出会いを通して

ところで、この巻に収められた論考の群れを読んでいて、ひとつ気付かされることがある。創造性というキーワードが果たしている、思いがけず大きな役割である。それは内発的発展論と表裏をなしつつ、内発的であるとは何かという問いにたいする、とても魅力的な応答となっている。

たとえば、「異質なものとの格闘がなければ『創造性』は出てこないのではないか」(二六頁)、そう、鶴見さんは語っている。それはほとんど、内発的発展論という独創がどこからやって来たのか、その秘密を語らずして明かしている言葉である。西欧の近代化論という異質なるものとの出会いと格闘を通じて、内発的発展論という創造的なるものは誕生した、ということだ。欧米の先進的とされる学問の翻訳と適用をもって、学問そのものと取り違えてきた、明治以来の御用学問の伝統からは、創造的なるものは出てこない。それゆえ、鶴見さんは柳田や南方熊楠を高く評価し、かれらの仕事から創造への豊かな契機を掘り起こそうとする。鶴見さんはたぶん、柳田や南方と同様に、異質なるものとの出会いと格闘を通して、いま・ここに新しい知の地平を伐り拓こうとしている、数少ない現代の思想家の一人である。

さて、創造への契機となる異質なるものとの出会いとは、いったい何か。

異質なものを受け入れて、同時に古くからもっている自分の文化の伝統を深く掘っていく。そして自分の文化の伝統と異文化とのぶつかり合いの中から、どうやって新しい価値を生んでいくかということが、これからの創造性の問題だと思います。（四四八—九頁）

ここでは、異質なるものは異文化と翻訳し直されている。異文化と呼ばれるものは、時間軸に置き換えれば、古くからの伝統にたいする新しい文化であり、空間軸に沿って眺めれば、土着の文化にたいする外来の文化である。「古いものと新しいもの、土着のものと外来のものなど、異質なものがぶつかり合う場を作り、それを盛大に祭りとして盛り上げることによって創造性が生まれる」（三一四頁）と、鶴見さんは語っている。さまざまな異文化との出会いの場を、「祭り」として組織する。そのとき、「祭り」とはむろん、伝統的なムラの祭りを意味するわけではない。異文化との出会いの装置として、それぞれの場所で、新たに創られるべきものだ。

内発的発展論との関わりで、わたしがもっとも関心をそそられてきたのは、漂泊と定住をめぐる鶴見さんの独特の理解である。わたしは異人論に取り組んでいた八〇年代半ばに、『漂泊と定住と』によって鶴見さんに出会い、豊かな刺戟を受けた。それから、いくらか遅れて内発的発展論と出会った。内発的であるとは、内に閉じ籠もり、地域ナショナリズムを主張することではない。むしろ逆に、外に向けて、それゆえ異質なるものにたいして開かれた態度が求められる。そうした議論のうえに、鶴見さんのたいへん個性的な柳田理解が被さっていることに、注意を払う必要がある。

鶴見さんは「水と土と人と」のなかで、以下のように説いている。柳田はムラ社会を閉ざされた系ではなく、開かれた系と見なしつつ、そのムラ社会を巡回する漂泊者の群れこそが、ムラ社会存続の不可欠の要件であることを示唆した。漂泊者との交流、つまり漂泊と定住とのたえざる相互作用があってはじめて、地域社会は活力を保つことができるのである。言葉を換えれば、「常民が社会変動の担い手となるには、みずからが、定住―漂泊―定住のサイクルを通過するか、または、あるいはその上に、漂泊者との衝撃的なであいが必要である」（二四六頁）ということだ。柳田の明治・大正期の漂泊民論に多くを負いながら、しかも、その限界を可能性に向けて開いてゆく鶴見さんの読みの作法が、ここには鮮やかである。

ムラ社会にとって、漂泊する人々は異質なるものであり、異文化を背負って登場する訪れ人である。鶴見さんはそこに、ムラ社会が活性化されるための不可欠の要件を認める。創造への豊かな契機が、漂泊という異質なるものとの出会いのなかに隠されている、という発見でもある。内発的であることは、異質なるものに開かれた態度に支えられて、はじめて可能となるという逆説は、たいへん暗示的なものだ。おそらくそれは、内発的発展論それ自体の理解にとっても、鍵となるにちがいない。

四　読みの臨界点に立って

たしかに、柳田を拠り所にして考える、それが鶴見さんの読みの作法である。それはしかし、師の説の前に拝跪する態度とはまるで異なったものだ。柳田に寄り添い、そのテクストの再解釈を試みながら、新たな視座が拓かれてゆくが、ある一線を越えたところで、不意に、柳田にたいする訣れのときがやって来る。鶴見さん自身はむろん、明確な批判を意図しているわけではなく、むしろ擁護の姿勢こそが貫かれている。それにもかかわらず、根源的な批判へと転じてゆかざるをえない、そんな微妙な避けがたさが感じられる。鶴見さんの読みの作法には、柳田を内側から、しかも、そのもっとも高い鞍部において越えるための試みと化してゆく必然が孕まれている、と言い換えてもいい。

たとえば、柳田の一国民俗学をめぐる評価において、それはもっとも鮮やかに覗けている。鶴見さんは「柳田国男の普遍性」のなかで、こう語っている、「単一民族、単一文化という言葉を柳田は『民間伝承論』の中に書いていています。あれは不用意にいった言葉じゃないかと私は思うんです。そうじゃなくて、やはり異なる民族、異なる文化が、ここで溜まり場となって合成した、そういう考えを、柳田は『海上の道』では示唆していると私は思います」(三一二頁)と。確実に、昭和三十六年の『海上の道』には一国民俗学のほころびがあり、単一民族＝文化論からの離脱への志向が見いだされる。しかし、それを昭和十年の『民間伝承論』の柳田に敷衍して、不用意な発言といった水準で擁護することはむずかしい。それゆえ、「一国民俗学というけれども、外に向かって柳田の窓は開かれていた」(同上)という、鶴見さんの擁護の言説にも同意することはできない。わたしはこの十年間ほど、柳田のテクストを発生的に読む作業を飽きずに続けてきた。その立場からすれば、昭和十年の柳田／昭和三十六年の柳田のあいだには、明らかなズレが横たわる。『海上の道』の柳田は、見えにくい形での軌道修正を行なっているのである。

いくつかの側面から光を当ててみたい。たとえば、鶴見さんは菅江真澄について、「日本文化が異質のものの集合であることを認識した最初の人」(三五九頁)と述べている。わたしはその評価に眼を開かれ、心を躍らせる。そうした菅江真澄観はしかし、柳田のものではなかった。柳田にとって、菅江真澄とは「ひとつの日本」を結像させるための拠り所であり、一国民俗学の枠内に封じ込めておくべき存在だった。

あるいは、「日本の中には、たくさんの異なる文化と異なる民族とがいる」(三九頁)という鶴見さんの認識は、柳田とは微妙に異なっている。柳田は列島内部に異なる民族の存在は認めながら、異なる種族＝文化が重層的にせめぎ合う姿を認めることは拒んだ。稲作を生業《なりわい》の核に据えた弥生系の人々をもって、日本文化の主要な担い手と見なし、ほかの種族＝文化は捨象することができると考えた（折口信夫との対談「日本人の神と霊魂の観念そのほか」、『民俗学について』所収、昭和二十四年）。したがって、「縄文文化そのものが外来文化の複合であり、さらに弥生文化は、少なくとも縄文期の狩漁採取と焼畑農業と、稲作農耕との複合ということになる」（五一頁）といった見方は、柳田からは遠い。『海上の道』にある可能性の萌芽が見いだされるにせよ、それはあくまで、稲を携えた弥生系の人々の列島への渡来にかかわる仮説の書であり、その外に向けての開かれ方に偏りがあったことは否定しがたい。

鶴見さんによれば、西欧の近代化論の多くは、単系発展の進化論を前提としているが、内発的発展論は多系発展を前提として抱え込んでいる。柳田を拠り所として発想されながら、内発的発展論が柳田からの訣れを果たさねばならない臨界点が、ここに露出している。「柳田の社会変動論は、さまざまの形の近代化がこの地球上に、棲みわけられ、共存しうる方向を、暗示している」（二一八—九頁）とは、鶴見さんの柳田擁護の言葉であるが、わたしには納得しがたい。南の同胞・沖縄を「ひとつの日本」の内側に抱き取りながら、北の異族・アイヌを視野の外に祀り棄てた昭和以降の柳田から、ただちに棲み分けと共存への道筋を想定することはできない。あきらかに、鶴見さんのなかでは、表層の意図からは逸脱した形で、柳田への訣れが果たされているのである。

この鶴見さんの柳田国男論を収めた巻をどのように読むか、むろん、幾通りもの読み方があるはずだ。わたしはここに、柳田の思想を内側から越えてゆくための、ひとつの道筋が示されていると感じてきた。すでに数多くの柳田国男論が書かれてはきたが、こうした個性的な匂いを感じさせるものは、意外なほどに少ない。これは異色の輝きを帯びた柳田国男論なのである。そして、それはまた、不思議なほどに深い励ましにみちた言葉の織物である。内発的発展論のゆくえに、さらに眼を凝らしつづけねばならない。

(『コレクション・鶴見和子曼荼羅Ⅳ　土の巻』解説、藤原書店、一九九八年所収)

#〈対談〉地球志向の比較学

赤坂憲雄
鶴見和子

近代化された社会の陥穽

鶴見　遠いところまでよくお出でくださいました。山形でのセミナー以来、五年振りですね。

赤坂　その節はお世話になりました。あの時はちょうど東北での聞き書きを始めて間もない頃で、自分自身の転換期でもありました。その流れの中で、今年の四月から東北文化研究センターを開設できました。センター開設と言っても、現在はまだぼく一人しかいません（笑）。

鶴見　一人でいいのよ、たくさんいるとケンカしたり派閥ができたりしちゃうから。一人の元にみんなが集まればいいの。

赤坂　そう思っています。五年、十年かけて共同研究会を持続的に開いて、文献資料を集めて、一般の人が使えるような開かれた情報センターにしていきたいと思っています。

鶴見　それがいいのよ。セミナーに集まった人たちはみんなよく喋ったわね。東北の人は無口だなんて言われるけど、あれは嘘。

赤坂　ええ、ぼくも東北でたくさんのお爺ちゃんやお婆ちゃんに会いましたが、みんなお喋りです。

鶴見　でしょう。日本人は喋らないと言われ、私も最初はそう思いながら水俣に行き、*聞き書きを始めてびっくりしたのよ。みんな淀みなく理路整然と話してくれる。東京あたりの学者よりもはっきり物を言う。庶民は喋らないと決めつけたのは、お上であり学者であり……。喋らせないために喋らないと言ったのよ。

＊不知火海総合学術調査団の一員として、一九七六年から五年間断続的に水俣病関係者に聞き書きを行なう。

赤坂　宮本常一*さんの『忘れられた日本人』の中にも、何日でも延々と寄り合いを続ける話が出てきます。話の落とし所はあるんですが、そこには無理に行かずに、とにかくみんなの腹の中のものを吐き出させる。これが日本の民主主義であり、共同体の結びの原点だったんじゃないでしょうか。

＊宮本常一　一九〇七～八一年。民俗学者。具体的な生活誌を方法化する。主著『忘れられた日本人』『民俗学の旅』。

鶴見　それを押し殺したのが明治だった。中央集権や地方自治という名のもとに、そういう村寄合いを押し殺したのよ。参加民主主義という言葉はなかったけれど、日本の民衆は「組」や「講」という村寄合いの形で、実はそれをやっていた。そして今頃になって、近代化された社会にはボランタリー・アソシエーションが多発するなんて社会学者は言うけれど、近代化以前からあるのよ。それを明治政府は一つ一つ潰していた。

赤坂　ぼくは今、列島の東と西の社会文化的な差異ということが気になっているんです。たとえば西は割合に共同体のメンバーが平等で横の繋がりを大切にする。ところが、東北は家長がすべての家族成員を支配する縦の関係が多い。けれども、それがいま少しずつ壊れ始めています。縦の関係が絶対的に悪いとは思いませんが、そこで潰されてきたものがたくさんある。それがしだいに変わってゆく転換期に現在の東北はあると思うんです。

鶴見　そう。どんな時代でも転換期よね。従来の社会変動論は終着点を最初から決めていたけれど、それは間違い。「曼陀羅」って私が言うのは、社会に終着点などなく、生々流転の中に新しい動きをつかむの。マルクス主義理論も近代化論にしても全部終着点があって、最初から人類が終わるような構造を持っている。

日本の学者は、普通の人の生活を研究するなんていっても、赤坂さんのように地方に拠点を移す人はほんの少しでしょう。だいたいが大都市に住んで、せいぜいが地方に出かけていくだけ。山形出身の国分《こくぶ》一太郎*さんたちが戦前に行なった生活綴り方運動を、戦後に無着成恭《むちゃくせいきょう》**さんたちが引き継いだ、その戦後の第一回の会合に私は行きました。その時、教師が自己を含む集団として子供たちと一緒に問題を考える、という運動の在り方は明治以後の学問の伝統を覆す画期的なものだと思った。

＊国分一太郎　一九一一〜八五年。児童文学者・評論家。民間教育の「生活綴り方運動」に参加。主著『鉄の町の少年』『教室の記録』。

＊＊無着成恭　一九二七年生まれ。教育者。山形県の中学生徒の文集『山びこ学校』で、戦後民主主義の理想を体現する。

　学者が地方に出かけてフィールドワークをする、そして啓蒙をする、それじゃあ駄目よ。ニュートン力学は対象を外から眺めて客観的な自己を保証する。量子力学は、自分が介入して観測する自分を対象の内側におく。社会科学では未だにニュートンの「客観性」の方法なのよ。だから相手にも自分にも問題が突き刺さらない。生活綴り方運動は、その「方法」を壊したんです。

赤坂　ぼくの父親は福島の出身で東京に出てきて小さな炭屋をやっていました。福島の山の中で炭を扱う山師だったんです。ですから、東北でお爺ちゃんやお婆ちゃんたちの聞き書きをしていても、ほとんど父親と話しているような気持ちなんです。

　鶴見さんのテーマの一つに「アニミズム*」があります。そのアニミズムを考えられる場所として、九州の水俣と、紀州の熊野と、東北の遠野の三つのトポスがあると言われますが、どうしてその三つなんでしょうか。

＊「アニミズム」　鶴見は「アニミズムと科学」などの論文で南方熊楠や柳田国男や今西錦司について触れている。

鶴見　一つの名前にしてしまうのが嫌なのよ。神道と言えば国家神道と民間神道が一緒になっちゃう。日本はアニミズムの国だと言えば、柳田学のように日本の輪郭を一つにしてしまう。だからアニミズムと一言でいっても、柳田国男が遠野を舞台にした時のアニミズムと、南方熊楠＊が熊野で発見したそれと、私が水俣で体験したアニミズムと、日本の中だけでもみんな内容が異なるわけでしょう。死んだらどこへ行くのかという他界観一つとっても、その三つでは大きく違うでしょう。でもそれは、私の方が赤坂さんにお聞きしたい。

＊南方熊楠　一八六七〜一九四一年。生物学者。粘菌の研究、性や民俗など該博な知識で世界的に活動。主著『十二支考』。

赤坂　わかりました。それは今日のお話の一つのテーマにさせてください。『鶴見和子曼荼羅IX　環の巻』＊の後書きで、鶴見さんは「病気になってから、『内発的発展論』が自分のものになってきた。生者の立場（倒れる前）の内発的発展論と、死者の立場（倒れて後）の内発的発展論では、後者の方が一歩深化したのだと思う。倒れてから人間の内発性が自覚されるようになった。それを軸にして、社会変動を考える、それが内発的発展論だ」と書かれています。病気になられた後の自覚ですが、そのあたりの心境と考え方の変化を教えてください。

＊『鶴見和子曼荼羅IX　環の巻』　一九九九年に藤原書店からコレクションの最終巻として刊行。「内

発的発展論」の論文を収録。

多元的な可能性に開かれる社会

鶴見　「内発的発展論」は、それぞれの社会の異なる地域にそれぞれの伝統や自然の生態系があり、それに基づいた社会変化の異なる筋道がある、というふうに最初は考えていました。一方、近代化論は国家の単位で社会が変わっていく筋道であり、そこで変動する社会は遅かれ早かれ全て、西洋の工業社会の歴史を辿ってそこに収斂するという理論です。私はそういう収斂理論ではなく、それぞれ個別に異なる社会変動と発展の道があると考えた。その考えは今でも間違いではないと思う。でもそれは理屈なのよ。ところが、自分が倒れた後は、理屈ではなく、自分の中から燃え上がってくるものが毎日あるの。すると社会ではなく、一人一人の内発性こそ大事ではないかと思い始めてきたの。

カナダの日系移民や水俣の人々に聞き書きをした時も、ただ闇雲にやっていた。それを束にすれば社会変動の筋道がわかるんじゃないかと考えていた。でも、それはやはり理屈でやったのであって、自分の内側から燃え上がってくるものの実感は本当にあったのかどうか心許なかったのよ。でも病気になって初めてそれが実感としてせり上がってきた。一人一人の内発性こそ大切で、それが社会変動を基礎づけなければ駄目だと思ったの。つまり自然の生命体の中では、人間は塵のような小さな存在なんだけど、それぞれが可能性を持って生まれてきている。それをどのように実現するかが新しい「内発的発展論」です。

経済発展よりも人間の可能性の実現に重きを置く。経済発展はそのための条件に過ぎないんだけど、高度経済成長を見ても、それを目的にしてしまうと、人間の可能性の実現は逆に踏みにじられる場合もある。それが倒れて重度の身障者になることで初めて実感できた。だから実を言えば、もう一度ここからやり直したいのよ。

赤坂　この後書きでも書かれているように、「内発的発展論」はつねに社会の中の弱者が「萃《すい》点《てん》」となって、そこから開かれる社会の成員や構造の可能性を一貫して説いてきたと思うんですね。

鶴見　それも理屈。私は本当に理屈だけで生きてきたなー。

赤坂　鶴見さんにそう言われると、言葉を失います。しかし、今日は少しだけ「理屈」でもお話しください。『内発的発展論の展開』*という本では、社会理論に関して単一の中心がなくなり、多元的な可能性に開かれてゆく時代になったという宣言がなされています。それは日本文化論のフィールドに移しても同じことが言えると思うんです。

＊『内発的発展論の展開』一九九六年に筑摩書房から刊行。それぞれの社会に独自で特有の発展形態があることを理論化。

たとえば、ぼくは東北に移ってから被差別部落のことを調べ始めました。東北には中世以前、被差別の民は存在しません。近世に西から移ってきた大名たちが職人集団の中に皮革作りの人々を抱え込んでいて、その人たちが東北の被差別部落の起源になっている。だから定着度も非常に低い。今でも「部落」という言葉は集落を指す日常語にすぎません。それに対して、部落史の研究者の中には、東北は生産力が遅れていて分業が進まない後進地域だったから被差別部落を生まなかった、という見方をしている人が多いんです。でも、被差別部落を社会の内側から産み落としたか否かというのは、先進的とか後進的という問題ではないと思います。

そこでぼくが手掛かりを求めたのが「内発的発展論」なんです。つまり東北には被差別部落を生んだ西日本とは異質な文化の流れがあり、それを内発的に見直す必要があるのではないか。そこから差別の問題も捉え返さないと、欧米中心の近代化論に足を掬われてしまう。列島社会の中にも、多元的な文化の流れや発展の形があるはずです。

鶴見 そうなのよ。近代化論は社会を一つの塊として見て、未開から近代へ、中央から地方へという流れでしか歴史を捉えない。でもそうじゃない。プリンストンの大学院で勉強していた時、近代化論の全盛時代に、エドマンド・リーチ*が「一つの社会を一つのシステムとして見る必要はない」と言ったのがとても嬉しく印象に残ったの。ビルマ社会でも、高地と平地ではシステムが異なることを書いたもの（『高地ビルマの政治体系』）です。

＊エドマンド・リーチ　一九一〇～八九年。イギリスの社会人類学者。機能主義人類学を批判。主著『人類学再考』『文化とコミュニケーション』。

海洋学者のジャック＝イヴ・クストー*は、一九九五年の国連大学とユネスコ合同のシンポジウムで、「種は多様であるから存続できるのであって、単一の種では持続的に生存することは不可能である」と言いました。それから考えても、全ての社会が同じ方向を目指す近代化論の収斂概念では人類は存続できなくなる。いろいろな存在やシステムがあって互いに調整するから、一方が弱くなっても、別のものがそれを支える。これが生物学の原理でしょう。生物学の論理をすぐ社会学に持ってくるのは良くないと言われるけれど、そうじゃない。人間だって自然の生物だし、システムはそれを支える有機的なものです。その視点を忘れて議論すれば、たいていは効率の論理に行ってしまう。効率や生産性のいい社会だけ存在するなんてこと言い出したら、人間は破滅の一途を辿ります。

＊ジャック＝イヴ・クストー　一九一〇〜九七年。フランスの海洋学者。海洋映画や潜水艇の設計などに功績がある。

こんな狭い日本の中にだって、多様性が当然ある。明治以後はそういう多様性を単一の理論で割り切るようになった。それはどうしてかしら。大昔は中国から理論を輸入し、近代以後は西洋から、戦後は概してアメリカから単一的な理論を移入する。でもデータは日本で取るわけだし、さまざまな社会がそこにはある。そこに行き違いがあるのは当たり前。今の中国では費孝通＊が地域ごとに社会変動の型が異なることを、自分がその地域に入っていったり弟子を住まわせたりして、多くの「模式」（モデル）を出しながら研究しています。彼は九十歳に近い人よ。日本の学者はそういうことをやらずに、マルクス理論だ、近代化論だでしょう。これでは本当に分かるはずがないじゃない。だから、日本の多様な文化や社会を下から掘り起こしている赤坂さんの仕事には、私は非常に関心を持っています。その自覚に立ってくださいよ。いつでも私は、人を挑発する（笑）。

＊費孝通　一九一〇〜二〇〇五年。中国の社会学者。激動の中国で浮沈しながら独自の社会学を展開。主著『内地の農村』。

赤坂　恐縮します。よた話ですが、東北の地域起こしの研究を委託されたある都内の大学のスタッフがぼくのところに、自分たちは東北のことを何も知らないから、いろいろ教えてほしいとやって来たことがあります。その時、彼らが携えていた理論が「内発的発展論」でした。

鶴見　私は、それが恐いのよ。「内発的発展論」で社会を全部切られたらどうなるの。理論が私の手から離れて応用されるのは嬉しいけれど、半面迷惑です。でも、倒れる以前の私は、きっとその方向に進んでいたと思う。あのままで進めば、「内発的発展論」を近代化論に対立するものとして構築するという方向に私は必ず行っていた。というのも、私たちは近代化論を学び、その理論構築の手段や肌触りで「内発的発展論」を構築する。同じことよ。だから、私は病気になってよかったと、いま考えている。病気になって初めて理論に責任がとれ、それを「内発的」に反省することもできたわけよ。

赤坂　彼らにとっては近代化論も「内発的発展論」も同じなんですよ。何かの研究の機会さえあれば、新しい理論が適用できると思って嬉しくなるんです。

鶴見　そう、適用よ。恐いわよ、適用は。この『山野河海《さんやかかい》まんだら』のように、自分の思いを出して、それを下から積み上げていかなければならないのに。

＊『山野河海まんだら』　一九九九年に筑摩書房から刊行。東北での聞き書きを集成。

柳田学の可能性をどう探るか

赤坂　ぼく自身は東北をずっと歩きながら、同時に柳田を読んできましたから、柳田の思想を今の時代にどう超えることができるのか、ということが大きなテーマでした。ただ、柳田は「稲作中心史観」や「単一民族論」だから駄目だというように、批評の言葉のレベルで裁断しても意味がありません。ですから、ぼくは柳田が歩いた道、初期の民俗学者たちが辿った道を自分の足で辿り直してみたいと考えました。今のこの時代の民俗誌をまず作ってみたかったんです。『山野河海まんだら』でも、社会の多様性や変化といったことを意識していましたし、いろいろな場所でそれを確認することもできました。

東北でも北と南、あるいは太平洋側と日本海側ではずいぶんと生活や文化や自然に違いがあるんです。山と川と海を暮らしの舞台としている人々に聞き書きをすると、明らかに暮らしや生業のシステムも地域ごとに違っていることが分かる。山村は割合に吹き溜まりになっていますから古い文化が層をなして残っています。そこでは至る所で焼畑をやっていた。そんな当たり前に語られることですら、ほとんどまともな報告がないのです。また狩猟や山菜・茸の採集も当然のようにやっている。そういう暮らしの形を一つ一つ確認しながら歩きました。
また、川に沿って海に出て庄内浜の漁村を歩きました。川や海は近世までは交通の大動脈でしたから、そのかたわらの村々は山村と比べると社会変動のスピードや暮らしぶりが大きく違っていた。川の暮らしはこの半世紀でほとんど根絶やしに変わっています。漁村でも二代続けて漁師をやっている家はほとんどない。そんな根底からの変化を蒙り、それぞれ異なったシステムを持ちながら、同時に山と川・海の暮らしは繋がっている。

鶴見　そこが、面白いのよね。

赤坂　そうですね。老人たちの「海が死んでしまった」という言葉を聞きながら、死んでしまったのは海だけでないと思うわけです。山奥では森の伐採があり、それが原因となって川の洪水があり、海が汚れてゆく。熊沢蕃山《くまざわばんざん》*らが唱えた伝統的な治山治水の思想はしだいに忘れられてきました。

*熊沢蕃山　一六一九〜九一年。江戸前期の儒学者。治山治水の思想を広め飢饉対策の政策を行なう。主著『集義和書』『大学或問』。

しかし、他方では、三陸のある漁村でカキの養殖をしている人*が、美味しいカキを作るために、河口からずっと奥に遡った山奥でブナの植林を始めるといった新しい動きも見られます。その人は「森は海の恋人」と言っています。水上がり（洪水）に苦しむ川沿いの人たちが堤防を作ることを批判はできません。しかし、この時代はいま、その先をどう生きるのかという問題に突き当たっています。その時に山と川と海をつなぐ世界観や知恵を掘り起こす必要があることが、少しずつ気付かれ始めているのだと思います。

＊三陸でカキの養殖をしている人　畠山重篤のこと。森林の存在が海の生き物の滋養となることを学び、ブナの植林を始める。著書『リアスの海辺から』。

鶴見さんが「内発的発展論」を提唱された時の拠り所は地域でした。地域から新しい世界像を開くという発想だと思います。柳田の民俗学は近代化論ではもちろんなく、初期には山や海や平地の文化の多様性を見ようとしていたと思うんですが、後期になると「ひとつの日本」という枠組みの中での民俗学であったことは否めません。多様な文化の流れを日本社会の中に認めるのではなく、それをどこか一つの場所に収斂させるような志向に縛られていたようにも思います。

鶴見　九州の椎葉《しいば》に行き、東北の遠野に行った時は、「平地人を戦慄せしめよ」と柳田は自著の扉に書いたんですよ。平地人と山人は違う文化を持っていることをはっきりと認識していたの。それがどうして収斂概念になったかというのは、私は分からない。だけど、彼をもう一度地域に呼び戻すことは可能だと思うの。だって、あの人は北から南まで、どこにも足を運んで近代化以前の地域を自分の目で見た人でしょう。だから柳田を理屈で批判するよりも可能性を探った方がいいの。柳田の仕事の跡を追って、ある時点での彼の考えを探り、立ち止まってポテンシャリティを掘り起こしていく。それが赤坂さんのやり方でもあるでしょう。

赤坂　ええ、柳田が残した思想や仕事は依然として、日本の歴史や近代を考えるための最高の手掛かりだと思います。

鶴見　そうよ、あんなにすごい仕事をした人はそうそういないわよ。

赤坂　東北の旅をくり返しながら、柳田の語った東北のイメージに対して疑問を抱いたのが、ぼく自身の民俗学者としての出発点でした。柳田は『雪国の春』*で稲を作る東北を描いています。しかし下北半島を訪ねると、稲作の歴史は非常に浅い、田圃はあってもずっと稗を植えていたわけです。稗の田圃が水田に変わっていった時代の中を柳田は旅しています。そこをきちんと掘り起こすことで、その歪みも見え、日本列島がもっと多様な社会や地域から構成されていることが見えてきたんです。ですからぼくの柳田への立場は批判であり、擁護であり、つねに両義的です。

＊『雪国の春』　一九二八年に刊行。二〇年の東北への旅に聞き書きの取材をし、紀行文の体裁で東北の風土を描く本。

柳田の時代には、日本列島の山はどれもみな山であり、西の照葉樹林と東のブナ林の差異も知られていなかった。ぼくらの時代にはその区別は議論の前提ですが、その区別がない時代にあれだけの仕事をしたんですから。

鶴見　そう。比丘尼が椿の枝を携えて北へ上っていったという「豆の葉と太陽」での考えも面白いわよね。列島における文化の伝播や民族移動というのがよく分かる豊かで絵画的なイマジネーション。だから「定住と漂泊」なのよ。

私が地域というものに注目したのは、同じ上智大学で玉野井芳郎さん*と出会ったからなの。彼の地域主義の思想から大きな示唆を得たし、彼が若死にしてしまったのは私にはとっても惜しいの。

＊玉野井芳郎　一九一八〜八五年。経済学者。開かれた地域主義を主導。主著『エコノミーとエコロジー』『地域主義の思想』。

赤坂　そうですか。玉野井さんの地域主義は一貫して、地域の中に入ると生活が見えてくるというものですね。実は、五年前に鶴見さんに初めてお会いした頃には、エコロジーは自分の視野の中にほとんど入っていませんでした。人と自然をめぐる問題はつねに保護か開発かの二者択一で観念的に還元されがちで、そのことに対して苛立ちを覚えていました。

山村を歩いていつも感じたのは、たとえばブナの森を守ってきたのは、その傍らに住む山村の人たちなんじゃないかということでした。山村に暮らす人たちは、ブナの森をただ観念的に眺めるのではなく、そこから生活の糧を得て、そこを生業の場にしてきました。つまり、そうした自然の傍らで暮らす人たちの声に虚心に耳を傾けないエコロジーはおかしい。その意味で玉野井さんの地域主義の視点は、ぼくにとっても励ましでした。

お疲れでしょうから、締め括りにアニミズムについての鶴見さんの考えを、少しお聞かせください。

学問の「萃点」になる場

鶴見　アニミズムの話題は次にお会いする時にしましょう。「内発的発展論」は、私は最初は英語で考えたんです。すると「内発的発展論」というより「社会変動の内発的な理論」と考えるのが正しいのね。つまり西洋のセオリーが全てではなく、内発的なところから生まれてくる社会変動の理論という意味なんです。その内発的な理論を東北から打ち出そうというのが、赤坂さんがやろうとすることですね。では、なぜ理論やモデルを作る場所を東北に設定したのか、それから多様性というなら何との比較でどのように多様性を示していくのか、そこの見通しをお聞きしたい。

赤坂　「多様な東北」ということを先ほどお話ししました。しかし、矛盾する言い方ですが、にもかかわらず、ぼくは「ひとつの東北」というイメージを打ち出す必要があると考えているのです。たとえば、東北を歩いていますと、ほとんどの人々は自分が東北人であることを意識していません。もっと小さな地域、自分の町や村のことしか考えていないのです。そうした地域は横に繫がらない。つまり孤立した多様性なんですね。それを横に繫いで開いてゆくには、ある包括的なイメージを作る必要があります。

東北はほぼ例外なしに、外からの差別や遅延の視線の中で語られてきた。それをひっくり返して、豊かな可能性を持った土地として浮かび上がらせることが、その土地に生きる人たちにとってても励ましになり、新たなアイデンティティの確認にも繫がると思います。新しい東北像は、ぼくのイメージなんですが、北の文化と南の文化とが重層的に見出される、それをうまく解きほぐすなかに浮かび上がってくるものではないかと思っています。具体的には、たとえば、東北のマタギの山言葉には明らかにアイヌ語が含まれます。北に繫がる東北の見えやすい手掛かりの一つです。同時にそれは、狩猟や採集を大きな生業とした縄文的な伝統に繫がっていきます。

鶴見　では、南はどこなんですか。

赤坂　ぼくはとりあえず西日本を考えています。それは稲作中心の弥生的な文化を基底に持った社会です。だからこそ、北にも南にも繫がり、斑模様を成している東北の歴史や文化を解きほぐすことが、「いくつもの日本」へと開かれた日本文化像を作る筋道になる、その一つのモデルになるんじゃないかと思います。

鶴見　東北はそれである実体をつかまえることができるでしょうけど、それに繫がる北や南のモデルや実体はどうやってつかまえるんですか。

赤坂　ぼく自身がそうした北や南の地域でフィールドワークをきちんとやる余裕は、おそらくないだろうと思うんです。『東北学』という雑誌を作りたいと思ったのは、その雑誌を舞台として、アイヌから沖縄までを視野に収めつつ、それぞれの地域で研究している人たちがゆるやかに集まれる場を組織したかったからです。

鶴見　それがいい。それこそが「萃点」になるのよ。というのも、ただ東北だけになると非常に柳田的になってしまう。柳田は「これぞ日本のみにあることなり」とよく言ったけれど、全てを調べない限り、そんなことは言えないことなのよ。そこが南方と違うところ。南方は日本にあることは他の国にもあり、逆もまた真なりと言った。それを私は「地球志向の比較学」と言いました。『東北学』でそれができれば、とても面白いことです。

赤坂　柳田の方法は「一つの日本」を浮き彫りにするための「内なる比較」でした。それを「外なる比較」に開いていく。しかもそれはエスノロジー（民族学）の比較とは違って、東北を拠り所として開いていくものだと考えています。ですから「東北学」はお国自慢の地域学ではなく、地域を起点として新しい日本文化像を創るための知の運動なんです。たとえば「東京」とか「柳田民俗学」というような中心への求心力が、幸か不幸かこの時代には確実に弱くなっています。たんに地域「を」研究するのではなく、地域「で」、また地域「から」研究することが可能な時代が、今ようやく訪れているのかもしれませんね。『東北学』はだからこそ、そのための開かれた場でありたいと願っています。

（『東北学』vol. 1、東北芸術工科大学東北文化研究センター発行・作品社発売、一九九九年所収）

対談を終えて
(2006 年 4 月 29 日　京都ゆうゆうの里)

あとがき

いくつもの思いが交錯する。わたしはやはり、喋りすぎたのではなかったか。この本は振り返ってみると、内発的発展論と柳田国男と東北を三題噺のようにして、あちこち蛇行をくりかえしながらゆるやかに展開している。それらはたぶん、わたし自身にとってこそ、主要なテーマであり、フィールドなのである。うかつにも気付かずにいたが、鶴見和子さんはつねに、わたしの土俵に乗ってくださり、わたしに存分に語らせようと心配りをされていたのだった。鶴見さんのフィールドは深く、広大である。だから、たとえば内発的発展論ひとつを取っても、鶴見さんが望まれればいろいろな語りの地平へと開いてゆくことができる。しかし、鶴見さんは時折り厳しい問いかけをされることがあったが、そんなときでも、わたしは自分のフィールドで応答するように導かれていたのである。鶴見さんの土俵に上がるように求められたことは、たぶん一度もない。

わたしはじつは、『東北学』などいくつかの雑誌の編集にかかわっていたために、たくさんの方たちと対談や座談会をさせていただいてきたが、もっぱら聞き役になることが多く、みずからを語ることにはむしろ禁欲的であろうと努めてきた。それが癖になって、ほとんど語らずに終わることも少なからずあった。ところが、鶴見さんはさりげない気遣いとともに、こちらがきちんと語り手として立つように求められたのだった。この本がこうして編まれるまで、わたしはそのことに気付いていていなかった。わたしはそうして、東北学にまつわる個人的といっていい経緯や背景について、思いがけず具体的に語っていたのである。それはきっと、鶴見さんとの三回の対談が、わたしにとっての東北学の展開のどこか節目を選ぶかのように行なわれていたことと、まったく無縁ではあるまい。わたしはくりかえし、鶴見さんとその内発的発展論に導かれていたのだと思う。

序論の「三・一一以後の鶴見和子論のために」はむろん、この本のための書き下ろしである。ほんとうは、もっと包括的な鶴見和子論を書きたかったが、いまのわたしには、その余裕も力量もともになかった。とりわけ、内発的発展論を震災後の東北というフィールドから照射してみたいと思いながら、走り書きのメモ程度の論考しか書けなかった。心残りである。ふと考える。欧米主導の近代化論にたいして、鶴見さんがかぎりなく独創的に立ち上げられた内発的発展論は、あるいは、勝てないけれども負けない戦いをいかに組織することができるか、という隠れたテーマを抱いていたのかもしれない。わたしはそんな戦いを、東北から、福島、会津から、さらに執念深く展開してゆくつもりだ。勝てない、しかし、負けない戦いが欲しいと思う。

忙しさのうえに怠惰もあって、本書の出版は大幅に遅れてしまった。その間、じつに粘り強く執筆を勧めてくれた藤原書店の社主・藤原良雄さんと、編集部の刈屋琢さんには、心よりお礼を申し上げねばならない。三人で、鶴見さんを京都ゆうゆうの里に訪ねた日のことは、忘れない。それから三か月が過ぎて、鶴見さんのご逝去の知らせを受けたときの衝撃もまた、けっして忘れることはない。感謝の思いがくりかえし溢れてくる。あらためて、鶴見和子さん、ありがとうございました。どうぞ、福島の戦いを見守り続けてください。

二〇一五年六月二十四日

赤坂憲雄

著者紹介

赤坂憲雄（あかさか・のりお）

1953年生。学習院大学文学部教授。福島県立博物館館長。遠野文化研究センター所長。1999年、責任編集による『東北学』を創刊。著書『東北学／忘れられた東北』（講談社学術文庫）『岡本太郎の見た日本』（岩波書店）『司馬遼太郎　東北をゆく』（人文書院）『民俗学と歴史学』『歴史と記憶』（共著）『震災考』『鎮魂と再生』（編著）『世界の中の柳田国男』（R・A・モースと共編、以上藤原書店）等。

鶴見和子（つるみ・かずこ）

1918年生まれ。上智大学名誉教授。専攻・比較社会学。1939年津田英学塾卒業後、41年ヴァッサー大学哲学修士号取得。66年プリンストン大学社会学博士号を取得。論文名 Social Change and the Individual:Japan before and after Defeat in World War II（Princeton Univ.Press,1970）。69年より上智大学外国語学部教授、同大学国際関係研究所員（82-84年、同所長）。95年南方熊楠賞受賞。99年度朝日賞受賞。

15歳より佐佐木信綱門下で短歌を学び、花柳徳太郎のもとで踊りを習う（20歳で花柳徳和子を名取り）。1995年12月24日、自宅にて脳出血に倒れ、左片麻痺となる。2006年7月歿。

著書に『コレクション　鶴見和子曼荼羅』（全9巻）『歌集　回生』『歌集　花道』『歌集　山姥』『南方熊楠・萃点の思想』『鶴見和子・対話まんだら』『「対話」の文化』『いのちを纏う』『遺言』（以上、藤原書店）など多数。2001年9月には、その生涯と思想を再現した映像作品『回生　鶴見和子の遺言』を藤原書店から刊行。

地域《ちいき》からつくる——内発的発展論《ないはつてきはってんろん》と東北学《とうほくがく》

2015年7月31日　初版第1刷発行©

著　者　赤坂憲雄
　　　　鶴見和子

発行者　藤原良雄

発行所　株式会社 藤原書店

〒162-0041　東京都新宿区早稲田鶴巻町523
電　話　03（5272）0301
ＦＡＸ　03（5272）0450
振　替　00160 - 4 - 17013
info@fujiwara-shoten.co.jp

印刷・製本　中央精版印刷

落丁本・乱丁本はお取替えいたします
定価はカバーに表示してあります

Printed in Japan
ISBN978-4-89434-866-0

VI 魂《こころ》の巻——水俣・アニミズム・エコロジー　解説・中村桂子
Minamata : An Approach to Animism and Ecology
四六上製　544 頁　**4800 円**（1998 年 2 月刊）◇978-4-89434-094-7
水俣の衝撃が導いたアニミズムの世界観が、地域・種・性・世代を越えた共生の道を開く。最先端科学とアニミズムが手を結ぶ、鶴見思想の核心。
月報　石牟礼道子　土本典昭　羽田澄子　清成忠男

VII 華の巻——わが生き相《すがた》　解説・岡部伊都子
Autobiographical Sketches
四六上製　528 頁　**6800 円**（1998 年 11 月刊）◇978-4-89434-114-2
きもの、おどり、短歌などの「道楽」が、生の根源で「学問」と結びつき、人生の最終局面で驚くべき開花をみせる。
月報　西川潤　西山松之助　三輪公忠　高坂制立　林佳恵　C・F・ミュラー

VIII 歌の巻——「虹」から「回生」へ　解説・佐佐木幸綱
Collected Poems
四六上製　408 頁　**4800 円**（1997 年 10 月刊）◇978-4-89434-082-4
脳出血で倒れた夜、歌が迸り出た——自然と人間、死者と生者の境界線上にたち、新たに思想的飛躍を遂げた著者の全てが凝縮された珠玉の短歌集。
月報　大岡信　谷川健一　永畑道子　上田敏

IX 環の巻——内発的発展論によるパラダイム転換　解説・川勝平太
A Theory of Endogenous Development : Toward a Paradigm Change for the Future
四六上製　592 頁　**6800 円**（1999 年 1 月刊）◇978-4-89434-121-0
学問的到達点「内発的発展論」と、南方熊楠の画期的読解による「南方曼陀羅」論とが遂に結合、「パラダイム転換」を目指す著者の全体像を描く。
〔附〕　年譜　全著作目録　総索引
月報　朱通華　平松守彦　石黒ひで　川田侃　綿貫礼子　鶴見俊輔

人間・鶴見和子の魅力に迫る

鶴見和子の世界

R・P・ドーア、石牟礼道子、河合隼雄、中村桂子、鶴見俊輔ほか

学問／道楽の壁を超え、国内はおろか国際的舞台でも出会う人すべてを魅了してきた鶴見和子の魅力とは何か。国内外の著名人六十三人がその謎を描き出す珠玉の鶴見和子論。〈主な執筆者〉**赤坂憲雄、宮田登、川勝平太、堤清二、大岡信、澤地久枝、道浦母都子**ほか。

四六上製函入　三六八頁　**三八〇〇円**
（一九九九年一〇月刊）
◇978-4-89434-152-4

鶴見俊輔による初の姉和子論

鶴見和子を語る

〔長女の社会学〕

鶴見俊輔・金子兜太・佐佐木幸綱　**黒田杏子編**

社会学者として未来を見据え、"道楽者"としてきものやおどりを楽しみ、"生活者"としてすぐれたもてなしの術を愉しみ……そして斃れてからは「短歌」を支えに新たな地平を歩みえた鶴見和子は、稀有な人生のかたちを自らどのように切り拓いていったのか。

四六上製　二三二頁　**二二〇〇円**
（二〇〇八年七月刊）
◇978-4-89434-643-7

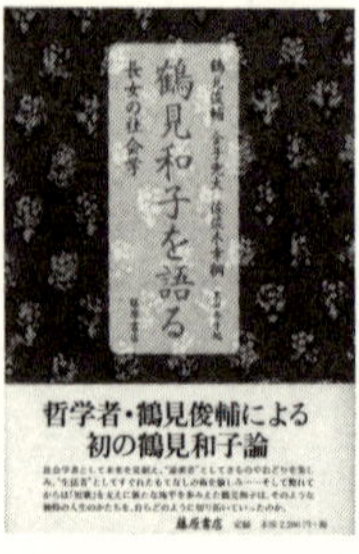

珠玉の往復書簡集

邂逅（かいこう）

多田富雄＋鶴見和子

脳出血に倒れ、左片麻痺の身体で驚異の回生を遂げた社会学者と、半身の自由と声とを失いながら、脳梗塞からの生還を果たした免疫学者。病前、一度も相まみえることのなかった二人の巨人が、今、病を共にしつつ、新たな思想の地平へと踏み出す奇跡的な知の交歓の記録。

B6変上製　二三二頁　二二〇〇円
（二〇〇三年五月刊）
◇978-4-89434-340-5

人間にとって「おどり」とは何か

おどりは人生

鶴見和子＋西川千麗＋花柳寿々紫

［推薦］河合隼雄氏・渡辺保氏

日本舞踊の名取でもある社会学者・鶴見和子が、国際的舞踊家二人をゲストに語る、初の「おどり」論。舞踊の本質に迫る深い洞察、武原はん・井上八千代ら巨匠への敬愛に満ちた批評など、「おどり」への愛情とその魅力を語り尽す。

写真多数
B5変上製　二二四頁　三二〇〇円
（二〇〇三年九月刊）
◇978-4-89434-354-2

強者の論理を超える

曼荼羅の思想

頼富本宏＋鶴見和子

体系なき混沌とされてきた南方熊楠の思想を「曼荼羅」として読み解いた社会学者・鶴見和子と、密教学の第一人者・頼富本宏が、数の論理、力の論理が支配する現代社会の中で、異なるものが異なるままに共に生きる「曼荼羅の思想」の可能性に向け徹底討論。

カラー口絵四頁
B6変上製　二〇〇頁　二二〇〇円
（二〇〇五年七月刊）
◇978-4-89434-463-1

着ることは、〝いのち〟を纏うことである

いのちを纏《まと》う

（色・織・きものの思想）

志村ふくみ＋鶴見和子

長年〝きもの〟三昧を尽してきた社会学者と、植物染料のみを使って〝色〟の真髄を追究してきた人間国宝の染織家。植物のいのちの顕現《けんげん》としての〝色〟の思想と、魂の依代《よりしろ》としての〝きもの〟の思想とが火花を散らし、失われつつある日本のきもの文化を、最高の水準で未来に向けて拓く道を照らす。

カラー口絵八頁
四六上製　二五六頁　二八〇〇円
（二〇〇六年四月刊）
◇978-4-89434-509-6

短歌が支えた生の軌跡

歌集 回生

鶴見和子

序＝佐佐木由幾

一九九五年一二月二四日、脳出血で斃れたその夜から、半世紀ぶりに迸り出た短歌一四五首。左半身麻痺を抱えた著者の「回生」の足跡を内面から克明に描き、リハビリテーション途上にある全ての人に力を与える短歌の数々を収め、生命とは、ことばとは何かを深く問いかける伝説の書。

菊変上製　一二〇頁　**二八〇〇円**
（二〇〇一年六月刊）
◇978-4-89434-239-2

『回生』に続く待望の第三歌集

歌集 花道

鶴見和子

「短歌は究極の思想表現の方法である。」――大反響を呼んだ半世紀ぶりの歌集『回生』から三年、きもの・おどりなど生涯を貫く文化的素養と、国境を越えて展開されてきた学問的蓄積が、脳出血後のリハビリテーション生活の中で見事に結びつき、美しく結晶した、待望の第三歌集。

菊上製　一三六頁　**二八〇〇円**
（二〇〇〇年二月刊）
◇978-4-89434-165-4

最も充実をみせた最終歌集

歌集 山姥

鶴見和子

序＝鶴見俊輔　解説＝佐佐木幸綱

脳出血で斃れた瞬間に、歌が噴き上げた――片身麻痺となりながらも短歌を支えに歩んできた、鶴見和子の〝回生〟の十年。『虹』『回生』『花道』に続き、最晩年の作をまとめた最終歌集。

菊上製　三二八頁　**四六〇〇円**
（二〇〇七年一〇月刊）
◇978-4-89434-582-9

限定愛蔵版　三百部限定
布クロス装貼函入豪華製本
口絵写真八頁／しおり付　八八〇〇円
（二〇〇七年一一月刊）
◇978-4-89434-588-1

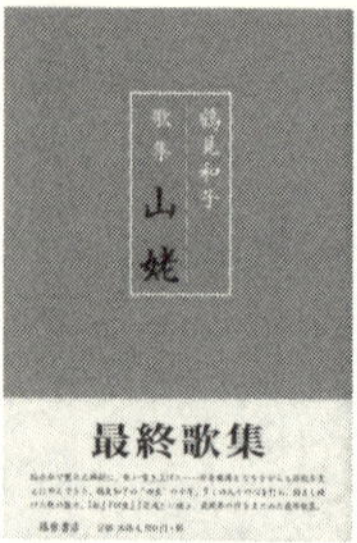

最後のメッセージ

遺言

（斃《たお》れてのち元《はじ》まる）

鶴見和子

近代化論を乗り超えるべく提唱した〝内発的発展論〟。〝異なるものが異なるままに〟ともに生きるあり方を〝南方曼荼羅〟として読み解く――強者－弱者、中心－周縁、異物排除の現状と果敢に闘い、私たちがめざす社会の全く独自な未来像を描いた、稀有な思想家の最後のメッセージ。

四六上製　二二四頁　**二二〇〇円**
（二〇〇七年一月刊）
◇978-4-89434-556-0